中教育

一位中學校長的感悟

（修订版）

田宝宏◎著

商務印書館
创于1897 The Commercial Press
2017年·北京

图书在版编目(CIP)数据

中教育:一位中学校长的感悟/田宝宏著.—修订本.—北京:商务印书馆,2017
ISBN 978-7-100-15112-2

Ⅰ.①中… Ⅱ.①田… Ⅲ.①中学教育—研究
Ⅳ.①G63

中国版本图书馆 CIP 数据核字(2017)第 205030 号

中教育——一位中学校长的感悟
(修订版)
田宝宏 著

商 务 印 书 馆 出 版
(北京王府井大街 36 号 邮政编码 100710)
商 务 印 书 馆 发 行
北京顶佳世纪印刷有限公司印刷
ISBN 978-7-100-15112-2

2017 年 9 月第 2 版 开本 880×1230 1/32
2017 年 9 月北京第 3 次印刷 印张 7½
定价:38.00 元

目　录

序

张诗亚

天有中
地有中
人有中
萬物有其中
能尋中問中
方能執中而得中
於是教得其中
学得其中
教学有中道也
師生順其中
于心歸中矣

張詩亞撰並書
於乙未孟春

自序

我和“中”字之缘

《中教育》一书正式成稿之前，我怀着复杂、纠结的心情，前往重庆西南大学教育部人文社会科学百所重点研究基地——西南民族教育与心理研究中心，登门造访我的授业恩师——西南大学博士生导师张诗亚教授。在先生溢满祥静、雅适之气韵的“无名堂”书斋，见到了特意静候我多时而已年近古稀的他。先生“宝宏，来喽”一句充满浓郁重庆方言的问候，让我顿失舟车之劳顿，没有生疏，更多了些许的亲近，颇有“时光流逝，先生未变”之慨。

“改变一种生活方式也许有坚强的毅力便可以完成，而改变一种思维方式则相当于发动一场革命”，一位作家如是说。于我而言，完成这场艰苦的“革命”，我用了至少十二年的时间（硕士、博士，毕业至今日，这场变革仍在进行中）。不觉间，追忆起毕业之际先生对我们的追问：“读博数年，你们最大的收获是什么?”

“在我看来，对我影响最大的莫过于，研究方法和思维方式的改变。”读书后的切身感悟和这样的回答，也获得了先生毫不掩饰的赞许。这样的记忆延续至今，不论何时重温，都是满满的幸福。以至于在从事中学教育研究的过程中，每遇艰难，仍不忘提醒自己秉持“独立之精神，自由之思想”。

我和“中”字之缘，要从求学期间和先生的对话谈起。

读书期间、茶余饭后，与先生讨论学术话题时，我时不时脱口而出的家乡话里所夹杂的“中”（zhōng）字，让从事人文社会科学、深谙教育学之道的先生，常常一蹙眉、一颦笑。先生特别提醒，汉字是华夏民族思维模式的物化形态，也是使华夏民族特定的思维模式得以传承、发展的关键，每一个汉字都有丰富的内涵。

研究不难发现，河南人常说“中”（zhǒng）。在河南人话语体系当中，“中”字四声全有，依据不同的语言环境，语调在四声之内不断变化，看似简单，却很特别并颇具特色。其实，这是经思考之后，对事物前前后后、上下左右诸种关系所做出的一个判断，包含着思维、定义和结论。比如，向某人求证某件事情可不可以时，河南人问答如下：“你说，中还是不中?”“中，中，老中!”河南人发音是这样的：“中（zhóng）还是不中（zhōng)?”“中（zhōng)，中（zhǒng)，老中（zhōng)!”这里借助读音的变化，表达的不仅是一种认同，而且是一个思维、判断和价值认定的过程。

当然，汉字“中”，字典中还有两个读音。当读“zhōng”

(《广韵》陟弓切，平东知。东部）的时候，其常见义项如下——1. 和四方、上下或两端距离同等的地位：～心。2. 内，里面：暗～；房～；～饱。3. 性质或等级在两端之间的：～辍；～等；～流砥柱。4. 表示动作正在进行：在研究～。5. 特指“中国”：～式；～文。6. 副词，宜于，适于：～看。当读“zhòng”(《广韵》陟仲切，去送知。东部）的时候，其常见义项如下——1. 正对上，恰好合上：～选；～奖；～意。2. 遭受：～毒；～计。3. 科举及第：～举；～状元。4. 陷害，中伤。(参考《汉语大字典》，四川辞书出版社）

在这里，还要从字源上追踪一下“中”字。中，在甲骨文里的写法是“”“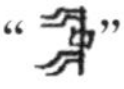”，意思是“插旗”，上下有旌旗和飘带，旗杆正中竖立。旗是号令，它插在哪里，哪里就是中心、中土，就是召集四面八方的人聚集的行动命令。“国之大事，在祀与戎”(《春秋左传·成公十三年》)，这在表明一个国家所谓重大事务，就是祭祀祖宗神灵与战争。这样的观念，从春秋时代延续至今。共同祭祀，保佑我族，抑或是行军之前、重大节日之时的壮我军威，常常以“祭旗”的方式，号令四方。“寻中”而后“树旗”，使众人齐聚于旗下，得“中”而后号令四方，这便是“”。

文字学家、金石学家、历史学家唐兰，解“中”字，曰：“，象旗之游，古文字凡垂直之线中间恒加一点。

本为氏族社会之徽帜，古时有大事，聚众于广地先建中焉，群众望见中而趋赴，群众来自四方则建中之地为中央矣。卜辞多有‘立中’之辞。”（《甲骨文字典》，四川辞书出版社）这是对“中”字很好的解读。

河南又称中州、中原、中土，就有中心的意思。如今，在中岳嵩山，有一座山名叫“插旗山”。这一地名，至今还保留着古代“树旗”的记忆。这一地名，不是简简单单的一个名字表述，相当于地名“化石”，我们借助对此地名“化石”的解读，可以把古代文化生态展现出来：天上的中（“北斗”的位置）对应着地上的中（“插旗山”），找到中的所在，才能使天之中、地之中，召唤人之中，让天下人聚集于此。

“中”字延伸而来，就是事物相对不变的规律性。甲骨文的“中”上下飘扬的是旗帜和飘带，它们随风而动，忽而向南，忽而向北，这正代表着大自然的规律，虽然有固定不变的规律，但规律的表现形式是多种多样的。所以，既要认识中的稳定性，也要看到中会随着时空的转移而有不同的表现，需要人们根据实际的情况去判断、去分析、去把握。

正是在先生的点拨、启发之下，“中”字进入了我的学术视野。

我和“中”字之缘，离不开西南大学学校精神的影响。

“特立西南，学行天下”，作为西南大学学校精神，是其对学人品格精神的高度规范和要求。“特立”，语出《礼记·儒行》："世治不轻，世乱不沮，同弗与，异弗非也。其特立独行有如此者。"这段话是说，遇到盛世，不自轻自贱，遇到乱世，仍然坚持信念，对观点相同的人，不妄加吹捧，对观点不同的人，不妄加非议，儒者不随声附和，要保持独立人格。"特立"，谓志行高洁，不随波逐流。我们从校园处处镌刻的"质胜文则野，文胜质则史，文质彬彬，然后君子"等文化标识上，也可以感受到西南大学学人素以先贤儒者修身治世、宁静致远，通贯天、地、人三才之品性而"挺立"于世。

"特立"与中的关系在于："中教育"里面，每个人都有独特的个性，独特的生理条件，独特的心理条件、心理个性，把每个人的特点都找到，这就是"中"。"中"绝不是千篇一律的，我们要找到每个人的独特性，因其材，施其教，是关键所在。所以，"特立"是真正的体现"中"，"特立"不是要求我们批量生产规范化的产品。"中"，从这一点上来讲，就是万物都要找到它的点，每一个人都要去找到他的点。"特立西南"，表达的是西南大学找到的她的"中"。

"学行"则源自《荀子·儒效》"学至于行之而至矣"，扬雄《法言·学行》又曰："学，行之，上也；言之，次也；教人，又其次也；咸无焉，为众人。"可见，学习知识、教书育人若止于立言著述、传道授业，即属等而下之；其最高境界应为勤于践行，而后方可明辨是非，以所学为社会所用，如此，是为"圣人"。

正是在西南大学浸透着的人文精神和涵养的熏陶下，提升了“本我”的学术品格和人文修养。

博士毕业后，我面临很多种职业选择，复杂、纠结之情，难于言表。正是深受西南大学学校精神的影响，也正因为和先生“如果再回到中学，从事基础教育工作，我将把学术研究进行到底”的“赌气”，让我一回归中学，便开始尝试从哲学层面“问中”，从人文主义的角度“寻中”，从实践层面开始“执中”而“得中”，做“中教育”。

正是和“中”字这样的不解之缘，时刻督促着我践行人文主义精神，在中学教育这片田地里做“中教育”。

在应试教育体制压迫之下，现在中学教育往往把中学办成一种模式，批量生产“人才”。现实的召唤，让我们感受到了问题之严重，感受到了教育从某种层面上抹杀了人性这一重大问题，所以我们试图以“中教育”思想，去指导我们的行为，指导我们的管理，进而创造出一个新的、以实践论证为依据的有思想的学校。

依托中原地区独一无二的地理和文化，借助郑州九中群体60多年的教育实践，学校确定了以“中”为核心的学校价值观，它主要包括“精一执中”的学校精神和“修己达人，九德惠风”的校训。“精一执中”的内核既是潜心向学的人文精神和创新精神，又是引领师生具有特立独行的批判精神，我们雕琢“基于课标”的课堂生态，打造独特的“中”文化生态校园，把对学生的关怀、人格的尊重、督学的严格融入多样的课堂生态之中，孕育出师生间良好的情感状态，重构课堂之生态。

借助于“中”和“中教育”，进而使郑州九中“特立”，区别于一般意义上的学校。我开始尝试从“理念识别、环境识别、行为识别”三个层面，打造独特的学校识别系统，让哲学与文化引领学校生活世界的真正变革，开启“中教育”。

在我看来，“中”字本身兼具时间和空间两种基本属性。从时间的角度讲，儒家谓立身行事，要合乎时宜，无过与不及，往往把“时”与“中”连起来，有“时中”之说。“蒙亨，以亨行，时中也。”（《易·蒙》）孔颖达疏曰：“谓居蒙之时，人皆愿亨，若以亨道行之，于时则得中也。”从空间的角度讲，“中”含有正当中之义。《易·乾》：“龙德而正中者也。”朱熹本义：“正中，不潜而未跃之时也。”

中学教育，无论怎么说，终归都要落到实践层面上。我们的教育若能“时中”“正中”而“执中”，也许就能“得中”，我们的学校教育便可以做到“恰如其分，适当其时，恰到好处”。正如《礼记·中庸第三十一》：“喜怒哀乐之未发，谓之中；发而皆中节，谓之和。中也者，天下之大本也；和也者，天下之达道也。致中和，天地位焉，万物育焉。”

“中教育”就是领略到了“中”字产生的智慧，“中教育”的过程，是不断探索教育之根本和最佳契合点的过程，时刻提醒人们，不要固化思维、固执已见，不要停留在某个时段而沾沾自喜，我们要用开放的、运动的心态和眼光来看待中学教育。费孝通老先生在他80寿辰时，曾经意味深长地说出了“各美其美，美人之美，美美与共，天下大同”的箴言。教育做到了“中”，那么我们所期许的人文主义教育，我们生态大课堂视域下的学校生活世界，我想离费老的话也就不远了。

“问渠那得清如许，为有源头活水来”。《中教育》成书过程，也深受“特立”“学行”的影响，颇得先生不吝赐教的“叮嘱、唠叨”，更基于九中人六轮校本课题共240多项研究成果的研究事实。所以，做教育，我们是认真的。

至诚无息，在此，我也愿与大家一道分享我写给自己的三句话：

静心，思远；

教育须务本，本立而道生；

让教育的价值目标超越校舍，延伸到更加广阔的领域。

五十以学，然后知不足。我们的“中教育”刚刚起步，实实在在做“中教育”，确实不容易，我们会遇到更多困难，但是寻中、问中，我们不会止步。正像拿着书稿，找先生问询时“怀着复杂、纠结的心情”一样，《中教育—— 一位中学校长的感悟》一书，作为对中学基础教育的初步实践、研究和思考，期待更多学人斧正。

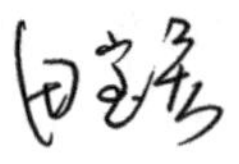

2017年夏初于建中楼

第一章

问中

人之初，文之萌

题解：屈平问天，以寻天道；教育问中，以求教之源。孔子曰“因材施教”，便是古今教育追求的最高境界，然这一境界不易达到。人心多样，变化多样，只是教育不能墨守成规，而要理解学生，寻求时机，找到生长点，这便是维果斯基（Lev Vygotsky）“最近发展区”之谓。

《易·贲》：“观乎天文以察时变，观乎人文以化成天下。”其彖辞：“刚柔交错，天文也。文明以止，人文也。观乎天文以察时变；观乎人文以化成天下。”孔颖达疏：“言圣人观察人文，则诗书礼乐之谓，当法此教而化成天下也。”问中这一过程，是不断探索的过程，是教育的起点，亦是源泉。问中不可能一劳永逸，故，问中将无止境。我们尝试借助于人文传统，寻中、问中，以达教育之中。

学校是学习的地方，也是生活的地方，只有这样的表述似乎才能更全面地呈现学校的原貌。依着这条路径去面对困惑，去思考出路，虽然给我们的中学教育提出了更高的要求，带来了更多的挑战，但我相信每前进一步，都会让中学增添几分可爱，收获更多美丽。

坦率地说，目前的多数中学对多数学生、多数家长甚至多数教师来讲，都是一个不受欢迎的地方。这里更多的是紧张乏味的辛苦劳作、没完没了的小试大考、心惊肉跳的名次浮动。每当高考后，毕业生撕书、扔书，在楼道里彻夜不眠地狂欢，这些场景都深深地刺伤了我，我时常深深地自问，难道我们搞了一辈子的中学教育真的无能为力了吗？终于，在还原学校的原貌——学校是学习的地方，也是生活的地方——时，我们似乎看到了一点破题的可能。学校应该是有灵魂的地方，教育应该是有灵魂的教育，学习是学生的主要任务，但不代表是学生的全部生活。中学不只是生产分数的工厂，大学不是中学教育的唯一追求，中学应有鲜活的人际关系，应有丰富的生活内容，每一个人无论在哪一个方面取得成绩和进步都有得到赞许的诉求和权利。

于是，我们想叩问一下，中学教育的本质是什么？今天的中学教育为什么会呈现出这种形态？今后的中学教育将走向何方？作为中学教育一线的工作者，我们应该思考：中学教育研究和实践有什么价值追求？该如何用行为诠释什么是素质教育，怎么做才有可能接近素质教育？什么样的学生实践才能走近素质教育理念？

第一节 应试反思

学校是学习的地方，所以教学大纲成为学校全部生活的大纲，必考科目成为师生唯一有价值的交流内容，考试分数决定了学生的前途、教师的命运甚至校领导班子的政绩。我们都根深蒂固地树立着这个概念，以防任何“离经叛道”的做法，警惕所有“不肖学子”的“倒退滑坡”。教师没有得天下英才而教育之的快乐，学生也没有每有会意便欣然忘食的激动心情。这就是我们中学教育的现状。在这样一种教育观念下，学校这样一个本来充满温情的地方变得冰冷甚至恐怖。探究一下形成的原因，也许有利于我们在有限的范围内为中学教育、为中学生做一些事情。

寻根问源，我认为这个以偏概全的观念来源于简便易行的考核机制，简便易行的考核机制导致了简单机械的操作方法。这个考核机制就是考试，终极指向就是升学考试。

要撼动考试这根大棒显然不是轻而易举的事情，考试不是理论研究的结果，而是教育评价发展的必然选择，也可以叫作无奈的选择，只要这个教育评价发展的条件仍在，作为结果的考试就不可能消失。从这个角度讲，如果我们不想被“当头棒喝”的话，似乎只能乖乖地由它摆布。所以，当我们郑州九中一开始提出科研兴校、鼓励学生社团活动时，教师、家长甚至我们的领导班子最大的顾虑就是这一系列的措施会不会影响到学校的教学质量，准确地说会不会影响到学校的升学率。

考试对中国人来讲并不是新鲜事，一百多年前的一道上谕结束了一千多年的科举制度，废科举、兴学校、出人才、争衡于列强，呐喊声如此气壮山河。然而一百多年以来，虽然科举早已成为历史，但谁也没有能把科举制度中最令人头疼的考试机制废除，我们虽然建立了完备的学校制度，但评价学校质量的机制最终还要落实到考试，至少对于中小学教育体制来讲是这样的。

因为，第一，这是非常自然的事情。物竞天择，在供给大于需求的现实中，大自然的规律就是通过竞争决定结果，这是多么自然的生存规则。这个规则不是由竞争者订立的，而是由竞争要追求的结果决定的。两只老虎争夺猎物，规则不是老虎决定的，而是猎物告诉老虎，你们谁能把对方打跑，我就是谁的美餐。我们为什么要考试？考试是对稀缺资源的竞争，只要大学的座位还是稀缺资源，只要工作岗位不能平均分配，竞争就是血淋淋的现实，适者才能生存。

可喜的是，人类为适应自然而不断发展出许多概念，比如公平，这就为竞争套上了一个枷锁，这个枷锁让竞争显得文明，避免了出现过多血淋淋的灾难，甚至自我毁灭，以至集体退出自然界的残酷结果。这种公平的竞争，让符合要求的人被筛出来，也让淘汰者无话可说。因此，考试就成为这个公平竞争的不二尺度，你可以抱怨考试内容扼杀了个性，但你无法挑剔考试的形式一律平等，因为挑选获胜者的结果不要求个性。道理很简单，形式平等和实质平等相比，形式平等更容易看得见、说得清。

科举制度兴起之前，我们也看到古人进行了很多选拔人才的尝试，比如推荐法，《论语》中经常有当权者请孔子推荐他的学生出仕，但这种方法显然没有普遍性，毕竟孔子只有一个，德高望重的圣贤也是屈指可数，而且推荐只能作为参考意见，无法形成制度化的模式，无法满足集体长期稳定的人才需求。为了弥补这样的缺失，汉代形成了升级版的推荐制度叫“察举”，魏晋南北朝时期演变为“九品中正”，都是以推荐作为主要手段，可惜的是，推荐者不是孔子，被推荐者的素质就受到质疑，怎么能保证被推荐者的真才实学呢？这种制度的最终命运是做官成了贵族阶层的垄断产业，由于其阻碍了社会的进步，只能被考试代替。还有一种制度叫世袭，这个制度始终只能作为科举制度的补充，是皇命的“恩荫”，因为谁都不能保证“老子英雄儿好汉”。

所以，人们梦想把这种近乎残酷的手段废除，是多么困难的事情，只要土壤存在，结果怎能改变?

第二，这是非常简便的事情。不从升学这个功利性的角度讲，我们也知道，工作质量也是需要考核的。既然是一个组织，而且是一个组织系统，那么上级怎么评估下级、同行如何相互认同、外界如何定位你的地位，除了考试，还有更直接、更简便的方法吗?

当初设立学校这个组织的主要目的就是传授知识。进入校园，教师的主要任务就是把知识按要求准确地传达给学生，而且要让学生准确无误地领会，学生的主要任务就是把教师教授的知识无条件、勤奋地转化为自己的技能。教是教师的工作，学是学生的天职，似乎是一个不争的事实。问题的关键是，这个知识不是孔子时代的因材施教，对不同人施以不同内容的教育，而是为了“集体目标”，由相关部门制定、发布计划，并加以考核的特定范围的知识。这些知识不考虑个性，不考虑兴趣，有些时候还很排斥创新。但是，我们也不必一味地埋怨相关部门，因为这个选择也不是一个纯理论问题，至少对于基础教育的中学来讲是这样的。

从经济学的角度来看，设置标准的产品模型、标准的操作手段、标准的考核方式，降低复杂个性带来的种种麻烦，是最科学、最高效、最客观的手段。不得不承认，机械化给人类的生活带来了翻天覆地的变化，我们经常说看到千篇一律的东西会审美疲劳，但确实也给人类的生活带来很多便利。基础教育目前来讲就是这种状态，我们检验学校的成绩，如果想避免莫衷一是的话，考试显然能让多数人哑口无言。

如果我们苛求中学教育广开知识评价体系，充分考虑每个人的兴趣、能力，增加学生的选择自由度，那我们如何区分大学教育和中学教育？我们将投入多大的成本完成这样的工作？现在有很多新的教育理念、教育理论出现，特别是国外的教育理论非常具有前瞻性，但这些理念不是凭空出世的，而是现实的环境发生了变化才引起的结果，比如说很多国家和地区大学的虚座率上升，大学的座位反过来成为竞争者，而学生成为提出要求的评判主体。

目前而言，我们的中学还是处在进退维谷的境地，社会对中学的要求越来越高，而现实环境、体制选择又不是中学或者中学校长能改变的，真的是除了隐忍这份痛苦就别无选择了吗？我想总应该有一个宣泄的出口吧！

第二节　人文之救

还是要回到开头那句话，学校是学习的地方，也是生活的地方。我们不能否认学校是学习的地方，没有学习还称得上什么学校，但把这句话说全了，才是学校的真实面貌。想想看，一天二十四小时，学生在校时间八小时以上，占一天生命的三分之一以上，三分之一以上的时间，让他们像机器一样合闸开工，拉闸休息，怎么可能？学校就是学生接触的社会，是学生生命安顿的一个地方，他们在这里除了投入自己的劳动，还要投入情感、认识朋友、增强融入社会和与人沟通的本领。我们只能说，学校以教学为纽带，给学生提供了一个相对安全的生活环境，让他们在进入真正的社会前先做一些安全的社会尝试。

学校是生活的地方。对大多数学生而言，这所学校可能是他们暂时生活的地方，他们只持有暂住证，而对于教师而言，学校是发给他们长期居住证的。因此，教师在学校生活的愉快与否也直接影响着学校的发展。

学校是生活的地方，也包括家长，虽然他们不直接在这里生活，但是这里的一举一动都牵动着家长的心，所以他们对学校有期望、有情绪、有绝对的发言权。

所以，如果我们把学校只当成学习的地方，只把学习过程、学习环境作为冰冷的完成任务的程式和机床，学生就会痛苦，教师也会难受，家长更会有很多的误解和抱怨。诚如上文所说，在社会环境没有改变之前，我们只能向自己求解，在追求分数的同时，多做一些加法，例如：情感、态度、价值观等等，尽力还原中学的本来面貌，我认为这就是要建设充满人文精神的校园。

现在很多大学设置了人文教育专业，这是很好的专业，但我想说的是，人文精神的教育如果在大学才开始，显然已经很晚了，如果只是专业学习，人数显得太少了。人文精神应该是每个人至少是每个接受基础教育的人都应具备的素质。谈到人文教育，很多文章都会引用德国著名社会学家、思想家马克斯·韦伯讨论中国“士”教育的名言：中国历来最为突出的是将人文教育作为社会评价的标准，其程度远超过人文主义时代的欧洲或德国的情形。所以，人文精神不应成为大学某个专业学生的特长，而应是所有受到教育的人都应具备的素质。如果中学校园里到处是人文精神的氛围，学习只是学校生活的一部分，即便是最重要的一部分，也不妨碍学校成为生活的地方，那么教师和学生就会变得主动和积极，家长也能正确看待中学教育和中学生活，那我们现在的校园是不是也能和谐很多?

我们看到很多人文教育专业的培养目标都是这样描述的——人文教育是培养德智体美全面发展、心理健康、人文与科学素养宽厚、具有创新精神和实践能力、能适应社会发展需要、高素质的应用型人才。这个目标是大学一个专业能完成的吗？是这个专业具备的特殊技能吗？显然不能，显然不是。这个目标过于宏观，缺乏可操作性。中学更应该从人文教育、人文精神教育的高度来帮助学生完成这个阶段的学习任务，来辅助教师完成教学计划，交给家长和社会一个心理健康、适应能力强的中学毕业生。

首先，教育是培养人的事业，中学不完全是培养分数的地方。这是我经常跟教师、学生和家长交流的观点，教育不完全是培养分数的事业，中学更不是为大学培养分数的地方。我们无力改变现有的评价体系，无力让所有的人都赞同考上大学不是唯一的出路这一看法，相反，我们更愿意让更多的学生接受大学教育，特别是大学本科教育。但是，如果我们让学生、家长和社会认为考不上大学就意味着书就白读了，中学就白上了，那真是中学教育的悲哀。如果我们让上了大学的学生对中学生活没有一丝留恋，我们的学校和教师也应该感到无比心酸。所以，我们至少应该让学生感到，虽然高考是一件很辛苦的事情，但中学生活也是可以幸福的。

举个例子，课堂是多数学生最恐惧、最不情愿去的地方，郑州九中提出了“生态大课堂”的概念，把课堂放到人文精神的领域进行思考，让学生成为课堂的主体，以“尊重、唤醒、激励生命”为核心理念，形成了“民主、平等、和谐，自主与合作，开放与选择，多元评价方式与个性发展”的课堂模式。这个概念通过教与学的调整，既尊重了当前教育和评价体系的现实，又使学生真正成了课堂的主体。

成绩好的学生的理想是考上一流大学，我们可以创设创新班，提供一流的师资配备。然而，不是所有的学生都能考上清华、北大，我们就不能用所谓的知识埋葬他们的青春。要依据他们的特长，提供更多的课程供他们选择，这就是教学的多元。尽最大可能让每一个人参与其中，让每一个人的潜能得到最大的激发。学校就是要为学生提供多彩的舞台，让每位学生舞出最美的舞姿。

具体的模式下文再详细介绍，这里只是想说明，端正了教育的角色、学校的角色、师生的角色，用人文精神来思考教育事业，我们才能说我们的教育是有灵魂的教育。

其次，建设具有人文精神的校园，教师的境界和生活才可能变得有灵魂。我的博士生导师张诗亚先生曾撰文写到现代学校中的师再也不同于传统文化中的“师”了，现在的师突出了社会工具性的一面，而与“师道”的距离越来越远，现在讲师道主要是指“职业道德”，这与传统意义上的师道相去甚远，有“师”而无“道”，最终的结果就是难有“尊严”。这可能是我们现在很多中学教师普遍感受到的事实，学生怕我们，不是因为尊重，而是因为我们有“教师”的身份，或者说如果不听教师的话，后果会很严重。在学生眼中，我们不再是长者，而是管理者。1986 年郑州九中也曾提出过带有鲜明时代特色的口号——“向 45 分钟要质量，向

第二课堂要质量”，这是时代的印迹，无可厚非。站在今天的角度，我们思考，质量是工厂的用语，关注教师在45分钟内生产出多少合格产品，过度强调了教师的工具性效果，至于教师的个人魅力、学生的爱戴程度和学习兴趣都可以忽略不计。教给学生人生道理是辅导员的职责，45分钟内我只需要告诉你，如果不出成绩，你就是一个不合格产品，就无法被下一个流程接受，你的人生前途也无法估计，甚至会冒很大的风险。

缺少人文精神的师生关系，只能是以身份来识别，以身份来定权威。这种不平等的、命令式的、服从式的权威体系，在网络时代出现之前可能还有市场，因为教师的知识尚有神秘色彩。而进入网络时代，教师的知识权威遇到挑战，甚至在有些情况下，学生懂的教师未必知道，经常有学生提出的问题让教师难于应对的情况。随着时代的发展，如何树立教师的威信？如果我们还按照原来的套路，显然情况会更加糟糕。所以，我们还得回归教育本真，让校园成为生活的地方，成为充满人文精神的地方，教师在平等中感化学生，把知识自然地传授给学生。让学生感受到教师是人，他有比我强的地方，这是我要学习的东西，他也有不懂的内容，但他对知识谦虚的态度，对掌握知识的人尽管是自己的学生也抱有谦虚态度的精神是值得学习的，最终他满满的人文情怀赢得了学生真正的尊重。

博士毕业后，我面临很多选择，但还是毅然决然地回到中学工作。因为我坚信，到中学工作不是低就，而是生活的升华，找一片属于自己的天空，坚信理论来自于实践，并可以指导实践，来到教育故事发生的现场，才会有真正的教育研究，这是我的信念。如果说，我们仍然把中学教育当成工厂式的管理，把考试当作学校生活的全部，那我确实会感到回到中学是低就了。而如果我们把中学教育当作一项社会事业，中学教师和校长有不可推卸的责任，中学教育不是工作而是使命，这就是生活的升华。如果通过我们的努力，把我们的校园打造成一个充满人文精神的地方，还给教师以“尊严”，让教师在教的过程中感受到尊重、敬仰，那么我们个人的生命也就得到了升华。

第三，人文精神的认同感，能让学校的生活处于一致的频道，使沟通更加顺畅，提高学习的效率。现在电视上有很多调解矛盾的节目，我们看到成功率是很小的，为什么？我认为不是专家水平不高，不是被调解的人理解能力有限，而是专家和被调解人、被调解人和被调解人之间的思维不在一个频道上。我们经常说，在同一个语境里，人们才能聊到一起。举个很简单的例子，三个人聊天，语言不通，一人说汉语，一人说英语，一人说俄语，怎么能够聊到一起？

人文精神教育解决的是生活背景的问题，从逻辑学上讲，就是要解决大前提的问题，让这个环境下合作的人在宏观层面上有共同的认识，这样工作中才能更加默契，产生分歧时才容易化解。我们修改了奉行多年的《课堂常规》，要求教师摒弃“目中无人”的教育，尊重学生的人格，尊重青春多姿多彩的选择，尊重生命活泼自由的呈现，关注个体差异，满足不同学生学习的需要，追求“人本化课堂”的教学境界。在教育教学中，就意味着：第一，关注每一位学生，实行平等民主的教育；第二，关注学生的情感生活和情感体验，实行交往互动的教育；第三，关注学生的道德生活与人格养成，在实践活动中发展完善自己。这就是我们所追寻的“人本教育”。

郑州九中在2009年提出了很多改善教育教学的想法，起初很多教师不能理解，所以贯彻起来总有举步维艰的感觉，但随着九中特色的人文精神被广大师生慢慢认同之后，我们的工作开展起来就顺风顺水了。记得在第一届亚太青年学生领袖大会上，我校创新宏志班有几十个学生参加了会议的服务工作，创新宏志班是郑州九中保一本的尖子班。虽然我们的教师不是很鼓励这些学生参加，但也没有强烈反对。要知道，教师真要较劲儿反对，理由是很充分的。大会的成功举办跟这些学生的努力是分不开的。可见，如果大家能在同一系统下思考问题，大家都认同九中的理念——以学生为学校的主人，学校不仅是学习的地方，也是生活的地方，问题就好沟通得多。

第三节 人文何求

人文教育思考从更高的角度来说是一个哲学的思考。哲学不仅是凝聚起来的思想精华，也是活生生的现实状态，只是有的人主动去提炼、去运用，有的人被动去感受、去实践。思想指引人的行为，精神决定行为的动力。所以，作为管理者，我们要主动探寻这个区域应有的人文精神，为这里的生活创造适宜的哲学意境，让生活在这里的人们潜移默化地感受到哲学意境给自己的身心带来的愉悦。

如果我们只是呼喊加强人文教育，弘扬人文精神，那很容易流于口号、流于形式。人文精神和人文教育这个命题看起来还是大了点，让人很难摸到门道，所以在实行之前，我们必须进行定位，找到切入点，站在自己最实际的角度，选择自己最能接受、大众也最能得到益处的人文教育角度，提出想法，并进行推广与实践。1921 年，蔡元培先生在美国加州大学柏克莱校区强调中国大学的人文精神时说：应把孔、墨教育精神和 18 世纪英国培养绅士、19 世纪德国培养专门家，以及 20 世纪美国大学服务社会的培养目标结合起来。蔡元培先生在讨论学校人文精神时，虽然看到了国外大学精神的可贵之处，但始终立足于中国本土精神的发扬，这是非常值得我们学习的。作为郑州九中的带班人，我们也需要从自己的角度寻找突破口。

郑州九中位于中国传统文化的发源地，有着中原文明的厚重，又有着黄土地的纯真情怀，与河南博物院相邻，让她天然地担负起一种文化宿命和宗教般的圣责。悠悠六秩风雨，漫漫征程如歌。回顾郑州九中60年的发展历史，她在艰苦岁月中诞生，在时代风雨里成长，在改革开放的春风中蓬勃发展，始终与祖国共命运，与时代同发展，伴随着新中国基础教育事业的蓬勃发展而成长壮大。60年的沧桑，积淀了学校厚重的文化底蕴；60年的风雨，练就了九中人坚毅的学术精神。60年前，学校的创办者呕心沥血，艰苦创业，自强不息；60年间，一代代九中人，往而复来，历经沧桑，革故鼎新！正是有了他们数十年如一日的坚定与坚持，才成就了九中60年来一次又一次的辉煌。

60年一甲子，郑州九中经过60年的艰苦努力，通过几代人的辛勤工作，不断创新，不断总结，积累了很多宝贵的精神财富。为向九中60岁献礼，借助学校群体60年的教育实践，依托中原地区独一无二的地理和文化，学校确定了以“中”为核心的价值观，它主要包括“精一执中”的学校精神和“修己达人，九德惠风”的校训，我们酝酿已久的办学理念“中教育”郑重呈现出来。

意为“开口问中”

对郑州九中来讲，这应该是历史性的飞跃，“中教育”把九中的精神和将来发展的期待提升到了哲学的意境，为学校的人文精神找到了准确的定位。这个理念已经执行了六年多，已经成为九中师生和家长共同的生活信念。我们认真总结“中教育”的理论和实践，相信会更加凝聚九中的人心，让九中培养出来的人对母校有更深的情感。如前文所说，人文教育是一个宏大的概念，我们只能取最适合自己的点来讨论，如果能对同人有所启发，实在是意外收获，并不敢自吹自擂。

“中教育”的教育理念，我们把它概括成学校的精神就叫作“精一执中”，“精一”强调聚人的精神于一，唯精才能诚，才能还原事物的本真，找到事物发展的真理，学生才会学，教师才会教，学校的生活才能回归到本来的面貌。以偏概全地理解学校的面貌，正是在教学实践中丢掉了还原事物真相的本领，所以越走越远，让学校陷入了进退维谷的境地。“精一”是一种境界、一种态度，要有寻求真相的专注力，做到天人合一、人我合一、知行合一。

“中教育”最为核心的部分还是执中，准确地说是“中”，“中”是传统文化中一个非常重要的概念，我们把这里的“中”定义为规律、真理。在“精一”精神的引领下，号召参与中学教育实践的所有人去问中、求中、执中、得中。“中教育”没有给出答案，也不能给出答案，因为路漫漫其修远兮，吾将上下而求索。“中教育”就是要告诉我们的师生，学习没有止境，真理永远是相对的，我们不会两次踏入同一条河中，为了寻找规律、寻找答案，我们必须不断地完善自己、提高自己。

我们的学生即使离开了学校，很多记忆都可能模糊，但不会忘记九中的“中教育”“中理念”，学习不是从毕业后就结束了，而是刚刚开始，寻中、问中的精神和能力是九中人超越同行的亮剑。我们的教师也不能因为教出了状元、班里的学生多考了几所名校就可以得意扬扬，我们要知道，中学教育是一项事业，不是为培养分数而设的简单劳动，我们有没有掌握到教育的“中”，有没有真正被学生、被社会承认有“师”的资格，有没有适应教育理念不断更新发展的本领，有没有不管风吹浪打、胜似闲庭信步的自信？

“中教育”看似没有给出答案，没有告诉你厚德载物、求实、笃学、勤奋等这些明确的奋斗目标，但它确实有一个答案，这个答案就是要人们具备这样一种精神，即立于天地之“中”、行于时空之“中”的人们不断去寻求“中”，永远都生活在成长中。

一、“中教育”理念的来源

集体共识来源于文化认同，尤其是文化教育机构，主事者的权威不会轻易变成共同的行为模式。越是有历史、有传统的地方，就越是有文化、有底蕴，在这样一个集体中贸然提出一个理念，特别是带有哲学意境、宏观指导性的理念，都是非常危险的事情。想想看，郑州九中建校 60 多年，可以说有了一定的文化底蕴，60 周年校庆时，大家一致认为，校庆的成果不仅要展现一代胜过一代的硬件发展，更要提炼和升华学校的软文化，大的庆典应该有大的提升、大的传承，否则就是炫富、就是铺张。所以，在总结郑州九中 60 年办学的积累后，我们提出了“中教育”的理念。这个理念不是无源之水，而是承前启后的重要发展，是有根有据有源头，顺流建渠的实践升华。

第一，“中教育”来源于九中 60 年的发展和探索。我一直说，我们不期望我们提出的教学理念能成为放之四海而皆准的“高大上”，而是要更加贴近我们的现实、我们走过的路，符合我们未来发展的目标和方向。人文教育是所有中学教育都应该思考的问题，人文教育的关键是“人文”，要贴近这里的人、这里的事，才能取得这里的共同价值遵守，郑州九中就是在这样的思路下去思考“中教育”的。

郑州九中能够迎来今天发展的黄金时期，经过了具有历史意义的改革阵痛与苦苦追寻的艰难磨砺。敢于提办学理念、教育理念，是因为心里有底气，九中历来重视办学理念的提炼。20 世纪 50 年代学校提出“教育事业要全面发展，培养德才兼备、体魄健全的新人”，60 年代强调教育与生产劳动相结合，80 年代提出“端正办学思想，面向升学又要面向培养优秀的劳动后备力量”，90 年代提出“变应试教育为素质教育，大面积提高教育教学质量”，21 世纪提出“全面发展，人文见长”。可以说，把教育放到思想层面是九中的传统，不断汲取时代精神，吸收先进教育思想的精华，不断调整自己的教育理念已经成为九中人的习惯。我经常说的一句话，也是九中广大教师的共识，即教育不是简单的事，不是拿个课本上两堂课走了的事，教育没有那么简单，教育是爱与智慧的统一。我们要求教师关爱学生，这种关怀性说到底就是一个爱的问题，我们要求教师在教学过程中讲究策略，这种策略性说到底就是智慧的问题。因此，我们主张，教师应将爱与智慧融于自己的日常工作中，不能在学生的世界里“疯狂开采”。

“我们面对的是一个个鲜活的生命，如果我们的教育思想、课堂理念不能与社会同步，我们就会不由自主地背离教育规律。”一位教师在他的教学笔记中如是说。

为什么会有这样的共识？因为我们有共同教育理念的积淀。学校的理念化作教师的行动，教师的行动促成学生的健康成长。教育部中学校长培训中心原主任陈玉琨教授曾经这样描述郑州九中的学生：“我看到你们学生的眼里是有神的，说明他们在学校的生活很好，精神头很高。”

现在，我们把九中关注办学理念总结的传统，把思考教育高层次问题、深层次问题的传统继承下来，并且进一步升华，让中学教育更具有哲学意味，更富有人文精神，这就是提出“中教育”理念的基础。从郑州九中 60 年的办学历程，从每一个办学理念都紧随时代、不断创新、适时调整的历史演变来看，九中人不正是在找寻中学教育的规律吗？不正是在不停地寻找教育的“中”吗？中，规律性，是中华传统文化非常重要的概念，是包容性很强的哲学概念。借助 60 周年校庆，我们总结九中精神，把九中一系列的思考凝聚成一点——问中、寻中、执中、守中。

郑州九中是一个很特殊的中学，走过一段特殊的发展路径，1953 年建校，由于办学成绩突出，1956 年被河南省教育厅确定为高中综合技术教育学校，兼具专科和技校的职能。可以说，郑州九中从建校之初，就区别于其他中学，因为专科学校不仅是教学机构，也具有科研性质，九中的老一辈教师有很多是科研型教师。这意味着科学研究、创新探索就是九中的传统、九中的风气。所以，我们提出“中教育”就是把九中的科研风气、探索精神固定下来，让所有来到九中的教师，所有经过九中精神培养的学生都把创新、研究、探索作为自己的行为习惯。

当我们提出“中教育”，要求大家不要拘泥于身份，不要只看到教学大纲，而是要把教育当成事业完成，把学习当成生活理解时，九中人接受了；当我们遇到困难、产生矛盾、面对选择时，九中人习惯从根本上找问题，用哲学的眼光、科研的精神、人文的气质去分析、梳理直到得出被蒙在鼓里的“中”。

第二，“中教育”来源于中原文明的灵感。郑州九中坐落于中原地区，位于华夏腹地。中原作为一个地域概念，最早记载于《尚书》，之后被《山海经》正式定名，以河南为中心的中原区域是中华文明的发源地，是华夏民族的摇篮，已被世界所公认。我们为生长在这片土地而骄傲，这片土地深厚的文化底蕴和先人的智慧积淀，给我们思考问题、解决问题带来了意想不到的灵感。

中原文化的连续发展，正是寻到“中”，执中而行的进程。距今 10500 — 9000 年，中原地区出现了原始农业和小聚落点，古文明的起源由此孕育。之后漫长的岁月里，中原文明不断发展，创造了辉煌的古代文明，正经历着伟大的现代文明。其实，在中国的其他地域，与中原仰韶文化同时的还有很多，比如北方的红山文化、东南方的良渚文化、东方的龙山文化以及南方的石家河文化等，而且发展水平也很高。但在之后的发展进程中，我们看到，这些伟大的文化相继衰落，没有完整地传承下来。中华文明起源和传承的重任最后被中原文明承担了起来。

据资料显示和专家解读，其他文明衰落的主要原因，除自然地质灾害外，还因为它们在发展过程中走向了神权社会，大量的社会财富、人力资源用于祭祀和宗教活动。现代考古发现，这些文明遗址有非常精美的用于祭祀和宗教活动的器皿，这些无与伦比的宝物背后是精湛的技术、巨大的人力成本和经济投入。在资源利用率本来就很低的人类启蒙时代，象征神权统治者的放纵和挥霍浪费，自然会对人类自身的发展造成一定的不良影响。

中原地区文明的先民们，找到了人类生存和发展的“中”，也就是人与自然和谐发展的规律，这里建立了王权高于神权的治理模式，比较注重社会生产和持续发展，不仅抵御了洪水灾害，而且让人类的生存得以持续和推进。一个理念的转化、一个观念的调整，产生了截然不同的历史图景。我们郑州九中重视教育理念的提炼，就是自觉不自觉地受到中原文明的影响。今天，我们明确提出“中教育”，就是主动地向中原文明的精髓寻找灵感、寻找内容。

中原文明的开放性是我们找到“中教育”的主要依据。以中原文化发展而来的中华文化，其中最大的一个特点是无个性，我们没有鲜明的个性，没有和其他文化棱角分明的冲突。即使不理解中国、不理解中国文化的人，只要来到这片土地，只要跟中国人有深入的接触，都会对中国文化有亲切感。看似无个性，其实正是中华文明最值得称颂的个性，那就是我们的开放性和包容性。这种兼容并蓄、取长补短、谦虚礼让的个性正是中原文明，乃至中华文化的独特性格。在生产和生活实践中，中国人善于寻找、善于总结规律，勇于找到天人合一、适者生存的“中道”智慧。这种开放性在远古时期就有很明显的印迹，据考古发现，裴李岗文化时期，曾经与北边的磁山文化、西边的老官台文化相互影响。裴李岗文化的贾湖类型文化向东迁徙，在安徽北部形成了石山子文化，向淮南发展形成了侯家寨文化，最著名的是向东迁移到达鲁中南山前平原，形成北辛文化，后发展成为大汶口文化，等等。正是这种开放性，不仅让中原文化自身得到发展，而且使文明得到远播，加强了人类文明的联系，增加了文明发展的质量。正是这种无个性、开放性的理念，让中国人不偏执、不固执，只为找到规律、找到真理。“中教育”就是向传统文化学习，向先民们学习，打开我们的胸怀，去寻找和理解教育之“中”。

2010 年，我们成立了“郑州九中国际教学中心”，提出了“走国际化办学之路，育国际化领袖人才”的方针，每年都会承办“美国青少年海外助学金计划”、中德交换生等国际交流项目。2013 年、2015 年，我们成功举办了两届“亚太青年学生领袖大会”。我们的校训就是“修己达人，九德惠风”。我们从中原文明的发展史上看到，关起门来发展，路子会越走越窄，朋友会越来越少，冲突会越来越多，思维会越来越狭窄。

第一届“亚太青年学生领袖大会”上，作者与专家、师生一起探讨如何提高学生领导力

我们提出“中教育”的办学理念，而不是给办学理念下一个明确的、似乎操作性更强的定义，就是因为我们认识到，一人、一团体、一地域，甚至一国的智慧都太有限了，无法提领教育这样重大的选题。即使一时取得了小小的进步，很快也会被变幻莫测的现实冲撞得面目全非。我们必须让自己的思维开阔起来，让自己的心胸豁达起来。我们必须意识到，在深层的、内在的规律面前，人类的一点小意识、小发明都只是坐井观天。所以，我们给了九中人一个大而泛的概念，不束缚每一个参与中学教育的人的思维，给九中人更广泛地

与外界接触的机会，大家共同探讨中学教育的本来面貌和时代特征。活动的区域扩大了，生活的质量就提高了；交流广泛了，话题也就深远了。中原文化这样走来，郑州九中也这样走来。

从简陋的校舍到今天的两校区办学，几代九中人在这个共同的精神家园中履行使命，精耕细作，成就事业。60 年的风雨历程，既承载着筚路蓝缕的艰辛、动荡撤并的伤痛，更饱含着复校重建的硕果和健康发展的辉煌。现如今名校博士、博士后走进课堂，依托人文科技名师工作室，借助校内四大创新实验室，在河南率先开启品牌创新教育实践课程；致力于学生领导力开发，研发出了《“精一执中”学生领袖潜力唤醒课程》，并成功举办两届“亚太青年学生领袖大会”，实现了“价值中立，思想共生”的追求。深厚的传统积淀是我们办学的宝贵财富，辉煌的办学历史是我们前进的不竭动力。

“九”字形大门

我们坚信每一个人都具有独一无二、不可替代的价值，每一个生命都值得敬畏，每一个灵魂都有质感。立足差异之美，教师与学生和谐成长，我们努力让学校生活世界里的每一个人都有尊严，让每一颗心都自在、轻盈、平安和喜乐！正是因为爱、自由与平等，轻松与微笑逐渐成为青春校园的标志。这个园子里兼具浪漫主义、现实主义、现代主义三种特质，生成一种独特的气质。

二、“中”字求解

“中教育”的核心是“中”，准确理解“中”的含义，或者说我们能在教育领域中感悟到“中”特殊的含义，才会更有说服力，才会让更多的人把理念化成有实际效果的行为。“中”对河南人来说是个非常亲切的口头语，具有鲜明的地方特色，有人说它很土，我倒认为，正因为它土，才更有传统意义，更是我们民族挥不去的文化烙印，所以对“中”进行诠释、理解和讨论，把“中”还原到文化层面、哲学层面，再把它贯彻到具体领域，比如我们从事的中学教育领域，“中”就成为一个指导性很强的概念，就会对我们的事业做出很宏观，但也很有操作性的指导。

首先，“中”字在中华文化中有非常特殊的意义。“中”就是正中、适中、不偏不倚，意味着正确，多一分则长，少一分则短，有获善、悦美的意味。郑玄所写《礼记·中庸注》里解释说“用中为常道也”。这里有几层含义，第一层“中”为常道，即“中”是稳定不变的客观规律，是为人处世的法则，是在不断变化的外在表象内相对稳定的内在持续力，只有找到“中”、掌握“中”才能驾驭外在不停流动的方方面面。第二层含义用“中”，也就是运用，用“中”是个更深刻的哲学道理，也是个更实际、更终极的现实问题。光看到“中”，而不用“中”等于空谈。但用“中”、实现“中”，不是简单的事，需要动脑筋、想办法，需要深刻理解“中”在这件事、这个人身上的特殊性，才能对症下药。把“中”用好，恰到好处，实现动态平衡，动中有静，静里制动。

“中教育”就是鼓励参与中学教育的人去寻找其中的“中”，运用“中”的性质，化解难题。如前文所述，当我们把学校定为学习的地方时，就缩小了学校概念的内涵，把中学教育领到了偏路上，让学校变得面目可憎，教师觉得疲惫不堪，学生觉得如临深渊，家长也无所适从。九中非常重视办学理念的提炼，有随着时代和教育理念的变化不断提升的传统，之前的理念都代表了各个时代最先进的中学教育思想，这就是一个寻中、问中、用中的过程，每个理念都是这个过程产生的可喜成果。历史走到今天，如果能用一种精神把这个辉煌的过程固定下来，那将不仅是对九中历史的更高总结，也是对未来发展的更大贡献。所以，我们索性把这个过程提升为办学理念，这个理念是动态的，也是常态的；是变化的，也是永恒的，是把中国人对世界认识的基本态度运用到我们的中学教育中。

其次，“中”字本身的含义。汉字是中华文化的特殊表现形式，是中华文明智慧的集中展现，经过“象形——会意——形声”几个阶段，每一个汉字都有丰富的内涵。张诗亚先生曾经精辟地指出，汉字是华夏民族思维模式的物化形态，又是使华夏民族特定的思维模式得以传承、发展的关键因素。所以，我们谈“中教育”，把“中”作为“中教育”的核心要素，不能不对“中”字的内涵认真地进行分析。张诗亚先生就“中”这个字曾在河南大学做过精彩的讲演，由于师承的原因，我使用的许多概念也会借用先生的观点，以此来研究“中教育”的实质。

（一）先说“中”字的起源。“中”在甲骨文里有“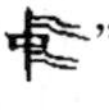”“”两种写法，意思是“旗杆”，上下有旌旗和飘带，旗杆正中竖立。旗是号令，它插在哪里，哪里就是中心、中土，就是召集四面八方的人聚集的行动命令。延伸而来，就是事物相对不变的规律性。能够证明古代文明出现的四大证据之首就是建城，建城说明人们有意识地寻找政治和军事中心，找到保证生存和发展所必需的核心动力，古城往往不是孤立存在的，在它们的周围或多或少、或近或远都分布着大大小小的部落，他们依附于古城，古城向他们发号施令。

甲骨文的“中”上下飘扬的是旗帜和飘带，它们随风而动，忽而向南，忽而向北，这正代表着大自然的规律，虽然有固定不变的规律，但规律的表现形式是多种多样的。所以，既要认识“中”的稳定性，也要看到“中”会随着时空的转移而有不同的表现，需要人们根据实际情况去判断，去分析，去把握。

“中教育”就是领略到了“中”字的智慧，而教育教学的过程，也是不断探索教育之根本和最佳契合点的过程，它时刻提醒人们，不要固化思维、固执己见，不要停留在某个时段而沾沾自喜，我们要用开放的、运动的心态和眼光来看待中学教育。

（二）关于“中”字在中国哲学中的运用，张诗亚先生分析得非常透彻，他指出：孔子讲的“中庸”，是“中而庸之”的意思，“中而庸之”首先要“问中”，面对有天地万物的空间位置，现在哲学将它们归结到时间、空间、运动上加以阐述。而中国古人用一个“中”字，就把这三个含义全包含了，“中”是空间上的“中”即天地，也是时间上的“中”，更是运动中的“中”。要研究万物的运动，它的最佳状态是什么？它恰如其分的火候在哪里？在《易经》里一个非常重要的材料是蓍草，这是占卜的第一步，也就是“问中”，做事之前要先研究天地行，研究一个事物的运动，事物与事物之间的关系，即为“问”，探问、究问、询问、研究、分析、观察，了解事物的一切是不是实事求是，包含着这些思想在里头。然后才是“用中”，在汉字里，这个“周”

字有个说法，从“用”字来的，甲骨文中“用”的写法是“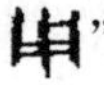”，中间是一个中，然后上边一横，“用中”这一横是非常重要的，在这个“周”字里头，“周”就是周详、周密，以及是不是把所有的关系都考虑在里头了（用之前，一个口，问），所以“周”是周详、周密、谋定而后动，这才是“周”的本义。因此，问中是第一步，用中是第二步，第三步为执中，所以，问中、用中、执中，也就是说一个事物、一个运动，总之，所有需要解决的问题当中都需要有一种哲学态度，即去找到中，再去用之，这就叫“中庸”。中庸是个非常深刻的哲学思想，它绝不是折中，以前批评中庸之道就是不偏不倚，这是错误的说法。“中”是恰当，当偏的时候要偏，不是不偏不倚，不是冒失公允。

审时度势，我们把“中”用好了，我们的中学教育就会走得正、走得好。现在，很多教育理念来自西方，很多教育工作者把西方的教育理念、理论研究成果奉为圣经，根本不顾及中国现有的社会情况，不管水土服不服，只要好听、只要时髦尽管拿来使用，这是一种很危险的做法。如果仅是学者探讨还罢，管理者一旦认同并拿来使用，后果是非常严重的。郑州九中建立了“博士工作室”，要求博士进课堂，一改过去高校科研单位盲目地把所谓的科研成果、最先进的教育理念灌输给中学教育的做法。我们要求硕士生、博士生甚至高校的教育学专家就从九中的课堂出发，研究九中课堂的实际问题，亲自听课、上课，听取九中一线教师和学生的意见，拿出解决九中课堂问题的可落实的方案。这就是问中、求中、执中、得中的过程，这就是“中教育”的实践过程。事实证明，“中教育”取得了非常好的效果，教学和科研实现了双赢。

总而言之，“中”是一个标志，是中华传统文化给我们的重要启示，是中原腹地沉淀下来的文化韵味，也是郑州九中发展壮大的实践历程。我们喜欢这个“中”，把“中”作为办学理念的起点和奋斗目标，是我们引以为豪的事业。

第二章

求中

道之蕴，学之本

题解：“求中”语出《东京赋》：“区宇乂宁，思和求中。”《东京赋》乃汉代南阳（今河南）的天文学家、数学家、发明家、地理学家、制图学家、文学家、学者张衡所作。此处“求中”的“中”意为天地之间。天地之内称宇。言海内既已乂安，思求阴阳之和，天地之中而居之。

学校是学生学习和生活的场所，在强调学习的同时，突出学校作为生活场所的重要性，也就意味着学生在学校中生活方式的转变。学校应该成为文化校园，如何突出学校作为生活的场所，这是一个重要的问题，所以我们试图让文化与哲学引领我们的学校生活。

联合国教科文组织在《学会生存》一书中指出："人类要发展，一方面要面向未来，另一方面要回到人类的源头，向我们的先辈汲取智慧。"现代学校不会从天而降，"返本开新"是学校持续发展的战略，也是现代学校发展的必由之路。中国传统文化里非常重视教化的作用，因教而化为内在的认同感，化为行动的标尺。教化的形式多种多样，古人有非常好的经验，言传、身教、音乐熏陶、各种重要的纪念活动等，甚至连建筑都承载着文化教化的重要责任，亭台楼阁的建造、碑文牌匾的构想无不渗透着教化的力量。我们把这些优良的传统继承下来，称其为环境识别系统，也就是说通过环境的营造，让理念深入人心。

依据《郑州九中校园建设规划》，经过近几年的努力，今日的九中已经显示了她令人折服的魅力：宏伟而具有抽象意义的大门提示着已进入了九中；能容纳全校师生集会的中心广场显示着她敢为人先的气魄和包容一切的胸怀；各个建筑物及教学设施显示出对称或不对称的布局，让人始终感受着和谐与惬意；这里草坪、长廊点缀环绕，假山、喷泉精致典雅，花团锦簇、绿树成荫、校园宽敞、环境清幽，让人心旷神怡。

在郑州九中，从学校的楼宇建筑、一草一木，到教师和学生的一言一行，人们会明显感到一种精神力量。这种精神力量就是“中教育”理念带来的追求，而这个追求不是硬教条，它们犹如“随风潜入夜，润物细无声”的春雨，能以最深刻、最微妙的方式融入师生的心灵深处并产生深远的影响，能唤醒、激发广大师生崇高的情感和强烈的进取心，成为师生员工心理和行为的强大内驱力，对大家价值观的确立、行为方式的选择、世界观与人生观的形成都起到了巨大的推动作用。能起到这样作用的方法，我们称其为“养中”，“中教育”的理念是通过环境识别系统，用温暖、亲切的方式培养起来的，是人们自觉主动接受熏染的。

中学生的身心特点决定着自身对外部环境的认同性较强，他们容易被激励、被感染而焕发出无穷的活力。九中所进行的人文环境的营造正是找到了教育真谛，抓住了育人的根本。

孟母三迁的故事，古训言移风易俗莫善于乐，都告诉我们，眼睛看到的、耳朵听到的、嘴上念叨的，都会对心理产生强大的感染力。善假于物，把“中教育”的理念贯彻下去，让“中教育”成为中学教育的实践，成为对每个接受“中教育”的人有益的生活智慧，不能只是嘴上说说、标语贴贴、活动做做，要善于营造“中教育”的强大氛围，善于利用环境优势，达到思想优势。

学校生活的“真”需要哲学意境。用一个高度凝练的哲学理念，营造一个富有哲学意味的环境，是用来表明学校发展目标，即要将这个学校办成一个什么样的学校。同时这个哲学理念还要表明，为了实现学校目标，需要有什么样的思维方式。这个哲学理念可以赋予学校一种优秀的品格，就像人具备人格一样。这个哲学理念在学校经营中必不可缺，需要全体参与人员共同提倡和拥有。

第一节 精一执中

建章立制，打造有执行力的管理团队，是正常教学秩序、生活秩序的保证。然而，刚性的制度建设只能让人恐惧，起到“抑恶”的作用，不能让人自觉地“向善”，更不用提把这种向善的精神传递给其他人，起到自利利人的作用，正所谓“道之以政，齐之以刑，民免而无耻；道之以德，齐之以礼，有耻且格”。特别是教育工作，教师越是生硬、越是严苛，学生就越容易产生排斥心理，教育本身就是春风化雨的事业，应该让人产生如沐春风的感觉。

我们必须追求升学，但是除了分数，还可以给孩子一些属于他们自己的东西。如何给？这就需要我们在学术上和思想上保持自由的品质才行，“不要在儿童的世界里疯狂开采”，而是要有教育智慧、有生活质量。“境界”问题对于我们来说，既是指思想上的，也是指实践中的境界。具体来说，“有境界”是一个工作标准的问题，比如说“让优秀成为一种习惯”，这就是工作标准。这更要求我们客观学习，从主导思想上讲工作。

“中教育”是一个高度概括的教育理念，需要一系列行之有效的方法去实践，包括制度建设、教学设计、团队磨合，等等。这些散见在各个层面的劳动成果不应该是僵硬不变的，永恒就违背了“中教育”的核心精神，“中教育”不只是企图找到一个终极答案，寻中、问中、执中是一个螺旋上升的过程，没有止境。但是，“中教育”需要给人凝聚的记忆力，所有参与“中教育”的人需要一个统一的精神归属，才能使我们的中学教育事业更有方向性，这就跟散文一样，如果文章完全散开，没有突出的中心思想就很难让人记住，不容易引起读者的共鸣，所以我们还要强调“形散而神不散”。

实现精神的凝聚和统一，最有益的途径，最能打动人的方法，或者说能够形成对学校师生乃至家长最具感染力的积极的心理暗示，把人们的思想统一到“中教育”理念的旗帜下就必须看重软环境的建设，也只有软环境才能起到四两拨千斤的作用。

我们把软环境建设的重点首先放到学校精神的提炼上，从“中教育”的理念出发，寻找中学，特别是郑州九中能够认同的学校精神，让九中人能够沿着这条思路去办学、教学、学习和辅助学习，当偏离轨道时，能够很快地自我调节，当产生矛盾时，能在稳定的大前提下找到正确的方向。

在努力打造“学习型、思想型、行动型”学校的过程中，始终着力构建、打造学校文化三系统：理念识别系统、环境识别系统、行为识别系统，使学校由行动学校发展为思想学校。作为学校理念识别系统的核心组成部分，结合中华传统文化，并经过反复酝酿，确定了以“中”为核心的学校理念，它包括“精一执中”的办学精神和“修己达人，九德惠风”的校训，得到了九中人的认可和发扬。“精一”强调聚人的精神于一，强调精神专注于一，专注地去研究事物内在的规律，去寻找事物的本来面貌。“中”在甲骨文中为旗帜，旗帜所立之处即为中央或者最佳契合点，而教育教学的过程，也就是不断探索教育之根本和最佳契合点的过程，“中”蕴含着“适合”“适中”“和”的意义。“精一”是指聚人之精神于一，天人合一、人我合一、知行合一、唯精，才能诚。“至诚无息”，去掉一切杂念，达到至诚无息的状态，方能认识天地万物，才能无私无畏，探索真理，继而发现真理。教育的过程就是不断“求中”的过程，要求人们用“精一”的精神去把握事物运动、变化、发展的各种联系，去寻求规律、寻求真理。“精一执中”就是聚精会神去追求教育事业的最佳境界。

校训“修己达人，九德惠风”是学校精神的内在要求和目标展望。“修己”是对自己和自己所从事的事业不断反观自省、认真对待，是自我提升、自我要求。“达人”是要使自己，并且通过自己的修为影响到其他人，共同成为道德高尚、品行端正、学识高远、学业有成的人。关于“九德”，古人的说法较多，在《书·皋陶谟》《左传·昭公二十八年》《逸周书·常训》中都有提及，总的来说，就是指贤者应具备的各种品德，是美德的总称。虽然这些文献中都总结的是九种品德，但在中国文化里，数字只是表示数量多少，而并不确指几个，所以我们不必非要追究确切的数字。“中教育”观之“九德”，是师生应当具备的美德。教师通过引导、培养学生与学生共同成长，学生把从学校和教师那里学到的好习惯、好品德拓展到家庭，而后又辐射到社会，变成温暖和畅之风，成为多数人受益的“惠风”。

“中教育”这种教育理念，用哲学的语言、文化的思维总结出来，让人们正确把握其实质，从内心去亲近这种观念，用传统文化的魅力引导工作的方向，鼓励大家去探索教育之本，力求使教育教学诸要素之间达到一种和谐、平衡的状态美，使学生的基本素质和道德品行得到全面、良好的发展，逐步成为九中区别于千千万万所学校的特色。

颇具特色的“中”文化，既包含了现代性又承接了传统性，从而达成了学校生活的“真”的哲学意境。

如果说文字的解说还不够直观，还不能给人们留下深刻印象的话，把众多思想凝结在图案中，可能更会引起人们的联想，唤起人们的共鸣。李泽厚先生说：“从写实到象征，从形到线的历史过程中，人们不自觉地创造和培育了比较纯粹（线比色要纯粹）的美的形式和审美的形式感。劳动、生活和自然对象与广大世界中的节奏、韵律、对称、均衡、连续、间隔、重叠、单独、精细、疏密、反复、交叉、错综、一致、变化统一等种种形式规律，逐渐被自觉掌握和集中表现在这里。”把理性的内容用图案的形式展现出来，特别是用抽象的线条思维的概括，是人类远古起就逐渐形成的美学观念。

图腾发展到图标，是从记录到标志、从被动到主动、从总结到期望的演进过程。所以，不能小觑图标所蕴含的丰富内容，这里不仅是线条，而且是人的理性思维的升华。比如说我们学校的标志，郑州九中的“中”字，这个“中”是“九”和“中”的合体，九中的办学文化是“中”，“中”是九中教育的核心特色。图标的“中”有四种颜色，以黄土色为主，这个灵感来自于黄河，是母亲河给了我们智慧和创新的动力。很多年后，从九中走出的莘莘学子，可能已经忘记了很多东西，但伴随他们几年中学生活的“中”不会忘记，想到这个“中”就会给他们带来无限想象，九中精神也就在默默地发挥作用。

第二节 人文涵化

爱美之心人皆有之，好的理念更应该有美的外在，美让人注目、让人留恋、让人记忆。好的理念本身应该是美的事物，为艺术的表现提供了创造基础，艺术化的表现更容易引起心灵的共鸣，搭建共同的心理结构，使人们对理念有更深的感知。正如李泽厚所说："人性不应是先验主宰的神性，也不能是官能满足的兽性，它是感性中有理性，个体中有社会，知觉情感中有想象和理解，也可以说，它是积淀了理性的感性，积淀了想象、理解的感情和知觉，也就是积淀了内容的形式，它在审美心理上是某种待发现的数学结构方程……"

学校不仅是学习的地方，也是生活的地方，让我们的生活环境变得美好，在美好中体会"中教育"的理性探索。这就是我们下大力气打造"中原、古典、书香、园林"校园的初衷，走进郑州九中，扑面而来的不是紧张的学习气氛，而是园林般的校园，这里充满着中州文化气息。古色古香的花园式校园，到处洋溢着青春勃发的气息，到处是劝人求知、共勉自励的氛围。美成为滋养"中教育"理念的水分，甘甜可口，沁人心脾。

郑州九中以"精一执中"为出发点，着力打造自身的环境识别系统，通过对学校独一无二的地理和文化进行研究，打造出一套独特的学校识别系统（visual identity），准确体现“中”的教育思想，“得中楼”“执中楼”“建中楼”“正中园”“致中堂”等的命名，正是源于此，使校园到处都洋溢着浓郁的“中”文化气息。

建中楼

“中”道隐映，“中”源汤汤。大课堂是数丈方圆之严谨教室，也是以“惠中廊”“正中园”“德苑”等校园文化景观为代表之生态校园，“中原、古典、书香、园林”的生态特色，凸显着哲学与文化引领下的生态意境。优美的书法作品，带你走进一个美的意境，吸引你去探寻其背后的深刻含义。我们用来命名教学楼的“得中”，语出《易》：“柔得位得中，而应乎乾，曰同人。”“得中”的意思是君子以正

正中园

道为准则，体察天下的隐衷，理解人民的意志，把事情做得合适、正好。教学就是一个寻找合适、正好的过程，就是要把合适、正好的知识传授给学生，就是要让合适、正好的精神相互传递。从踏上这座楼的第一个台阶开始，就告诉我们的师生，教学就是一个探索的过程，没有终点，不走极端，如果经过我们的努力能够得到正好、适合的成果，就算达到了教学的目的。

惠中廊

惠中廊与“哈佛草地”

“执中”语出《古文尚书·大禹谟》：“惟精惟一，允执厥中。”意思是要精诚恳切地秉行中正之道，才能治理好国家。学校的办公楼得“执中”之要，作为学校的头脑，在这里策划，在这里决策，要求我们以“精一”为基础去“寻中”“问中”，即把握事物运动、变化、发展的各种联系，去寻求规律、追求真理。这里关系到学校的发展方向，关系到学校的命运、学生的前途，我们怎敢不“寻中、问中、执中而得中”呢?

“建中”出自《尚书》：“王懋昭大德，建中于民。”意思是古者有大事，聚众于旷地，先将旗帜立于中央，群众望见中而趋赴，引申为一切问题之中。中是一个相对稳定的位置，是召集人们聚集的核心。我们用“建中”命名图书科技楼，就是要体现知识是稳定的基础，学校以传授和创造知识为核心任务，大家都来学习就是发起号召。没有广博的知识、深入的学习，就不可能得中。任何人的阅历和知识都是有限的，书籍为我们提供了许多经验和智慧，为我们探索和创新提供了强大的知识储备。要“得中”需从“建中”开始，从建立这个“中”到添砖加瓦，不断积累、不停汲取，才能成就事业。我们鼓励教师和学生到图书馆“消磨”时光，我们不但把图书馆建设得舒适、温暖，而且把“建中”这个明确的概念命名到这里，可以说是恰如其分。

“养中”语出《庄子》：“且夫乘物以游心，托不得已以养中，至矣。”这是庄子处世哲学的一个观点，也是庄子待物审美的一个特点。这里的“中”是指心灵的状态，庄子“乘物以游心”的思想，深刻提示了创造审美境界的主体根源和审美实质，在中国美学史上最早指出了中国美学超功利性的美学概念。我们创造的整个校园环境也是在这个思想意境中产生的，但我们把它命名给体育馆，是希望以此为标志，告诉我们的师生不要功利地学习，不要功利地竞争，生活的方方面面都是人心境提高的目标，要从教学楼里走出来，打开自己的思维。

“持中”出自《淮南子》：“处静持中，运于璇枢。”是要人们以简约驾驭烦琐，掌握事物的核心和关键，处静持中，在纷乱的世态中自如应对。我们经常把大地比喻成母亲，大地具有包容、安静的特点，这也是女性独有的特点。正是因为其安静而简单，能以不变应万变，所以才能适应万物的生长。我们用“持中”命名女生楼，希望女生能充分认识到自己的长处，并发扬光大，用女性的特点来影响周围。

“正中”出自《易》：“龙德而正中者也。”谓日当天之中，指正午时分，从方位上讲为正午时分。朱熹说“正中，不潜而未跃之时也”，我们把操场命名为正中园，就是希望我们的学生时刻保持良好的状态，把巨大的能量激发出来，过有意义的人生。

“致中”语出《中庸》：“天地位焉，万物育焉。”这是重要的儒家思想，是指如果可以致中，便可和谐，不偏不倚，无过无不及，所有的事都可以达到平衡完满的境界。我们把礼堂命名为“致中堂”，就是希望通过学术活动、学术交流，甚至学术争论，找到“中”的方位，让我们的教学、心境和生活致中致善。

致中堂

郑州九中每一幢建筑都以“中”来命名，而且都是根据楼内生活的人以及他们的工作性质，对他们提出的期望和要求。这些名字都语出有典，富含中国传统精神，是对“中”概念的解析。当我们走进每一幢建筑时，都会时刻提醒自己，我来做什么，我能做什么，我做到了什么。但这里不是生硬的说教和口号式的宣誓，而是让人从学校的建筑、书法艺术以及传统典籍的优美语句中，自然联想到我们的“中教育”，不知不觉中感悟“中教育”。

作为校训——“修己达人”，在我们看来任何德行的养成、学问的获得、真理的探索、事业的成功，都源于“修己”，始于“修己”而旨在“达人”，所谓“达人”，就是使人成为道德高尚、品行端正、学识高远、学业有成的人。“九德惠风”是对德的最高境界的表述。“九德”是对“修己”的具体要求，更是对九中的要求。立足于“修己”的郑州九中，其对社会的影响，通过每个教师施教于每个学生，每个学生的发展又拓展到每个家庭，而后又辐射到整个社会，便成了和畅之惠风，所以九中的校训既是对学生，也是对教师的。

在学校精神的指引下，每一位教师只有修养“九德”，才能如温暖的春风去影响他人，才能找到教育之“中”、教育之本，才能培养出一批批道德高尚、品行端正、学业有成的人才，才能使郑州九中区别于千千万万所学校，形成自己独有的办学特色。这就是九中的行为识别系统，实现这一目标，意义重大，任重而道远。

在学校精神与校训间又含有“九中”之义，学校在郑州，郑州在中原、中州之心脏。自古得“中原”者得天下，群雄逐鹿中原，问鼎中原者便是天下之主宰。从“修己达人”开始到“九德惠风”的传播，走出去的九中人不仅是国家承认的合格的毕业生，而且是具有九中精神的开创者。

著名校友360安全中心董事长周鸿祎先生，在2011年5

月16日返回母校时动情地说："我要感谢母校，正是因为在中学时代，有幸接触到学校的一台老式286电脑，在我的心里种下了一颗种子，激发了我对IT行业的热爱。在高中阶段按照自己的兴趣自由发展，我最终实现了自己的人生理想。"在写给郑州九中60周年校庆的贺信中，他说："岁月一甲子，六十青葱年。郑州九中是我种下梦想种子的地方，我永远感谢母校和老师们对我的包容和培养，祝愿具有悠久历史的母校再创辉煌，让更多学子的伟大梦想在九中起航。"人才培养绝不是一朝一夕的事情，但是，每个阶段的培养对学生来说又是何其的重要。试想，如果当初没有学校对学生创新素质的培养、科学技术的大力投资，也许IT界就少了这样一个人物。

钢筋混凝土搭建的建筑，没有思想就只能起到遮风挡雨的作用，而注入思想、注入创意，建筑也能具有教化人的功能。教育是需要灵感、需要碰撞、需要意识开发的工作，更贴切地说，教育就是开发人们思想的艺术工作。北京的798艺术区前身是工厂，而现在建起了思想艺术的大厦，思想的流动使建筑展现出了持久的魅力。学校如果只是学习的地方，有足够的场地、有良好的教学设施就可以了，但九中也是生活的地方，除了课堂，我们要让师生有空间去思考，有环境激发创作。这里有书香园林的亭台楼阁，有中原文化的古色古香，有引人遐想的奇石池泽，有发人深省的镌刻雕塑。不仅如此，学生们还自己优化教室环境，为学习生活增添情趣。通过美化、优化身边的一草一木，激发了师生奋发向上的斗志，增强了班级凝聚力。

在学校中生活，生活在学校，让学校生活回到应有的坐标中，物随心动，心随物转，这才是中学，才是师生家长喜欢的中学。我们打造环境，也是打造心境。我们把美境界化，把理性美观化，找到人们审美的“中”、记忆的“中”，看似虚无的感觉，实则是有理性的价值。正如李泽厚写的：人的审美感受之所以不同于动物性的感官愉快，正在于其中包含观念、想象的成分。

钱理群先生曾经提出过一个重要的教育命题：中学阶段，正是人生的起始阶段，是人的个体生命的“童年”，与人类生命的“原始”时期有一种同构关系，在这个意义上，中学校园在人生的漫长旅途中是一个“精神之乡”。这个童年需要记住的事情太多，可能被遗忘的事情也很快，我们需要把美留在他们心中，才能真正实现“精神之乡”的理想。

中道，在路上。一所学校要有自己的理念和精神，这是指引学校持续发展的航标。学校确立“精一执中”的办学精神，就是要努力寻求人与自然的最佳契合点。教育作为一种不断探索的创造性劳动，要求每一位教师不断探索新教法，帮助学生树立新理念，促进学生精神的不断成长。郑州九中“精一执中”的学校精神，正引领着学校朝更加美好的明天迈进，“博士进课堂”“校长助理团”“学生代表大会”“美美的读书生活”“博士大讲堂”“毕业季文化”等，正是这种精神化为行动的鲜明写照。在这些举措下，郑州九中广大教师的素质也得到了快速提高，正在由经验型教师向研究型教师转变。

“走国际化办学之路，育国际化领袖人才”，是我们当前在国际化办学方面的核心理念。旨在给学生以价值观的引导，帮助学生拓展国际视野、培养领袖能力、提升竞争力。我们要让从这里走出去的孩子，将来在国际舞台上不仅能够读懂规则，而且能够影响和改变规则，我们瞄准的不仅仅是输送人才的问题，更重要的是在文化交流、文化标准之上。

学校变革的真正秘密隐藏在学校教育的生活和经验中，学校成员的日常教学实践也不断赋予学校变革以真实的意义。

中道在路上，我们把“中教育”的理念赋予广大师生走过的每一步，包括精神、学业。在“高压”态势的竞争环境里，我们往往不注重身边的环境打造，而这些看似细微的变化所蕴含的巨大能量却常常被忽略。正是意识到了这一点，我们特别强调环境识别的重要作用，把软的驱动力提高到应有的位置，使“软实力”找到“中”的位置。

教育不仅是填充，更是美化，从美化有形环境到美化无形环境，这就是“中教育”强调的人文价值和人文教育。教育作为一种不断探索的创造性劳动，要求每一位教师要不断探索新教法，帮助学生树立新理念，促进学生精神的不断成长，齐心协力探索和发现教育之“中”、教育之本，力求使教育教学诸要素之间及学校与社会、家庭之间达到一种和谐、平衡的状态，使学生的基本素质和个性品质得到全面、和谐的发展。

第三节　中之探源

“筌者所以在鱼，得鱼而忘筌；蹄者所以在兔，得兔而忘蹄；言者所以在意，得意而忘言。”中之源，是为了“目击而道存”。

在我看来，学校提供的不仅是读书的机会，也是个体融入社会的过程体验。学校与社会绝缘，教育与生活绝缘，这在学理上就说不通。所以，我常常说“学校是学习的地方，也是生活的地方”。

而当代中学生需要掌握的，如“批判性思维与解决问题的能力、跨界合作与以身作则的能力、灵活性与适应力、主动进取与开创精神、有效的口头与书面沟通能力、评估与分析信息的能力、好奇心与想象力”等诸多能力，只有在丰富多样的学校生活世界里才有获得的可能性，我们试图改变已有的生活方式，优化“教育生态”。

而在这一过程中，摆在我们面前的首要问题是，有着60多年办学历史的郑州九中的教育核心——学校精神和学校校训，到底该怎样去细化和总结。

一、上古智慧——《尚书》中备受推崇的心法

“人心惟危，道心惟微；惟精惟一，允执厥中”，《古文

尚书·大禹谟》中的这十六个字，在宋代大儒朱熹认为，是“虞廷十六字心法”，“虞廷”亦作“虞庭”，指虞舜的朝廷，相传虞舜为古代的圣明之主，故亦以“虞廷”为“圣朝”的代称。

据此，朱熹结合《论语》《中庸》等经典，创立了儒家的道统说，从此，宋明理学家称儒家学术思想接受的系统为“道统”，他们自认为是继承周公、孔子的道统的。儒家认为，尧、舜、禹三代创造了辉煌的中华文明，三代的治国经验和修身智慧可以浓缩为这十六个字，十六字心法受到历代儒家的推崇。

“人心惟危，道心惟微”，是讲为什么要“允执厥中”。

人心危险，道心精微。这里的人心指人的心地、意愿、感情等。什么是人心？人心为何“惟微”？人一生下来，就降落在这个处处充满诱惑的物质世界里，我们作为社会一员，每个人都会在不同程度上受到物欲的诱惑，这就是人心。《孟子·滕文公下》：“我亦欲正人心、息邪说、距诐行、放淫辞，以承三圣者。”正当的欲望是必需的，但是，如果一个人不控制、不调节好自己的心，一味地停留在对外物的依恋中，就会“危”。人心惟危，就是人心如果不把欲望控制在合理的范围内，就可能出现危殆之事。

道心，这里是相对人心来说的。人心、道心并不是说一个人有两个心，而是从不同层次来诠释的一个心。道心是本然的、先天存在的、不会受到任何外在物欲诱惑的心，是人的先天本性，是至善的心。道心就是良心，人生活在物质世界中，很容易受到外在物质的诱惑而产生各种欲望，这种欲望过强时，就把本来先天的至善的良心蒙住了，让人跟着欲望走，而不是跟着自己那颗本性的道心走，这就是“道心惟微”。人处在无穷的欲望当中，这就是因为道心没有彰显出来，一味让外在物欲牵着走的缘故。所以，人要修养身心，就要让精微难明的道心时时显现出来。

“惟精惟一”，是“允执厥中”的修养方式。

孔传：“危则难安，微则难明，故戒以精一，信执其中。”朱熹《斋居感兴》诗也云：“大哉精一传，万世立人纪。”这里都是在说“精一”的价值指向。

“精一”指道德修养的精粹纯一。惟，语气词。精，精察，仔细观察自己的本心，即道心。一，守一，守住道心，顺本性的自然流露。允执就是平心静气、一直认真执守。厥，虚词，相当于今天的“其”。执中，公平适中，不偏不倚，谓持中庸之道，无过与不及。《孟子·尽心上》：“子莫执中，执中为近之，执中无权，犹执一也。”赵岐注：“执中和近圣人之道。”

“中”，是十六字心法的关键词，意思是不偏不倚，无过无不及，恰到好处，适度不出格。“月满则亏，水盈则溢”，这是过的结果；“消极处事，无所作为”，这是“不及”的结果。“中”的思想就是告诉我们，做事要掌握好一个度，适度，即“中”的状态。只有恰到好处，即执中，事情才能得到美满的结局。

《尚书·洪范》中还提出了三德原理："三德，一曰正直，二曰刚克，三曰柔克。"孔颖达疏："此三德者，人君之德，张弛有三也。一曰正直，言能正人之曲使直；二曰刚克，言刚强而能立事；三曰柔克，言和柔而能治。"这里的正，就是正直，不偏不倚，处"中"的状态，就是国家最和谐的理想状态。这里与"执中"之道有异曲同工之妙。

人心危险，道心精微，要精研要专一，又要诚实保持着中道，这样才好。

二、秉持"精一执中"，探寻教育之"中"

天来九曲，中州润泽。60年来持续不断的创新举措，推动了学校变革，使郑州九中屹立于郑州、河南乃至全国教育改革的前沿阵地。

学校精神是"精一执中"。"精一"强调聚人之精神于一，唯精才能诚，才能认识天地万物，才能无私无畏，探索真理，继而发现真理。要达到"精一"，就必须做到天人合一、人我合一与知行合一。"执中"要求以"精一"为基础去寻中、问中，把握事物运动、变化、发展的各种联系，遵循规律、追求真理。

学校校训——修己达人，九德惠风，是学校精神的实践与延伸。"精一执中"始于"修己"，任何德行的养成、学问的获得、真理的探索、事业的成功，都源于“修己”，而旨在“达人”。

“修己”是自我修养，这和《论语·宪问》中“修己以敬，修己以安人”具有一致性，也正是我们对修己的基本定义。“达人”，是指行事不为世俗所拘束、乐观豁达、通达事理的人。《左传·昭公七年》：“圣人有明德者，若不当世，其后必有达人。”孔颖达疏：“谓知能通达之人。”“修己达人”是我们对师生的一种标准，也是一种要求，既包括学识影响力，也包括德行。

“九德”，古谓贤人所具备的九种优良品格。关于“九德”的内容说法不一。《书·皋陶谟》：“皋陶曰：‘都，亦行有九德，亦言其人有德，乃言曰：载采采。’禹曰：‘何？’皋陶曰：‘宽而栗、柔而立、愿而恭、乱而敬、扰而毅、直而温、简而廉、刚而塞、强而义，彰厥有常，吉哉！’”《逸周书·常训》：“九德：忠、信、敬、刚、柔、和、固、贞、顺。”《旧唐书·杨绾传》：“宽柔敬恭，协于九德；文行忠信，弘于四教。”颜元《存性编·明明德》：“九德乃吾性成就。”可见，“九德”是一种至高之境界。我们的校训“九德惠风”是对德的最高境界的表述，“九德”是对“修己”的具体要求。

浪阔乘风起，大德而欣生。历史的昨天和今天，无数次的实践均证明：一代代九中人是有梦想的，他们一次次地达成，一次又一次地砥砺前行，不断以自己特有的方式尊重生命，持续以文明的方式秉承传统，回归“家园”，“潜伏”

的教育理念，让“价值教育”走向方法论的研究。新时期九中人更高举科研兴校的旗帜，推进“课型教学”研究，深化“道德课堂”建设，以“六种意识”让“班子文化”风清气正，以具有鲜明特色的“教师教”和“学生学”的方式构建“生态大课堂”，这些让学校的教育实践有了“灵魂”，让“教育爱”超越课堂达到更广阔的领域。

我们做了我们认为对的事情，应当祝福这样的教育理论和实践。我们一直在以创新实践的方式，探索自己所理解的教育，探索师生和家长共同理解的教育。我们也一直在思考“学生喜欢什么、家长期待什么、我们在忙碌什么”这些问题，在积极创设理想的学校生活方式上，在打造贴合学生需求的生活世界方面，我们一直在努力探寻一种平衡，一种“适中”的状态，一种“中和”的教育方式。

“嵩高拔地来，何当伟楠撑广宇；浪阔乘风去，最忆雏凤试新声。”—— 努力让师者无愧于优秀，学子无愧于卓越。在“变革”成为学校发展关键词的今天，学校更加注重引进优质资源。我们以“领导力”课程作为学生品格拓展的切入点，提高学生的自主能力，激发他们的潜能，提升学生的本我生态，培养有“本土情怀、国际视野”的人才。省级示范性高中的示范引领作用，不仅实现了文化与教育哲学引领下学校生活世界的真正变革，也影响到了河南乃至全国的教育。

浩浩乎沐九德惠风而秉承精一执中之精神，“志于道，据于德，依于仁，游于艺”，1953 年至今，如今的郑州九中已步入耳顺之年，一代代九中人陪伴了一代代青年学子成长成才，我们所处的学校生活也正悄然发生着变化。终日乾乾六十甲子，与时偕行雄峙中枢。一甲子，一家人，一写沧桑六十年，我们一直坚守着的对青年、对教育、对责任、对社会、对历史的耿耿信念，“拂除杂物，趋归精一”，用一甲子之光荣承继永久的辉煌。

第三章

执中

风之化，行之切

题解：“执中”出自《古文尚书·大禹谟》：“人心惟危，道心惟微；惟精惟一，允执厥中。”这十六个字源于尧、舜、禹禅让的故事。据传，当尧把帝位传给舜时，将“允执厥中”四字传授给舜；舜把帝位传给禹的时候，又在此四字之前加上十二个字。此十六字是中华文化经典中记载最早的心法，早于孔子心法与释迦心法一千多年，被名师高贤称作儒学乃至中国文化传统中著名的“十六字心传”。

谓持中庸之道，无过与不及。《古文尚书·大禹谟》：“惟精惟一，允执厥中。”《孟子·尽心上》：“子莫执中，执中为近之，执中无权，犹执一也。”赵岐注：“执中和近圣人之道。”汉代刘向《说苑·修文》：“南者生育之乡，北者杀伐之域，故君子执中以为本。”宋代朱熹《中庸章句序》：“君子时中，则执中之谓也。”又谓“持平，不偏不倚”。《韩诗外传》卷二：“听狱执中者皋陶也。”

我们认为，“中教育”的理念应该通过适当的途径让人理解、让人运用，否则就又为中学教育界增添了一个不必要的名词。我们力图从理念识别系统、环境识别系统和行为识别系统三个层面，逐步加深人们对“中教育”理念的认识。理念识别系统是把道理讲清楚，让人们有较为清楚的概念性认识，本书第一章重点就是介绍这个系统的起源和我们的理解；环境识别系统是通过周围的环境让人们产生美感、形象感，让人们能够从内心深处认同并接受“中教育”的观点，第二章主要阐述的就是环境识别系统；行为识别系统可以说是一切问题的外在表现，我们最后还是要把各种理论运用到实践中去，以下两章就是我们为实现“中教育”理念，结合九中的实际情况所做的行为设计，当然这些只是探索和实践的开始，只是我们目前思考和实践的总结和梳理，而不是“中教育”的结束。

2010年《国家中长期教育改革和发展规划纲要（2010—2020年）》的颁布，对社会、学校、家庭及广大学子来说都意味着一次深刻变革。而对于此次变革的“核心基地”——学校来说，更是一次机遇。中国教育学会名誉会长顾明远教授曾为郑州九中题词“教育务本，本立道生”。学校首先是学习的地方，知识是将教师、学生、家长和其他参与中学教育的人连接起来的最直接的纽带。其实，基础教育界已形成了一个基本共识：教育的终极目的不是考试，而是育人。但是，大家也有另一个共识，育人的核心是把知识传授给学生。我们不能把一批批无知的“谦谦君子”交给社会，我们需要的是如何把知识艺术地、生活地、有效地交给继承人，为他们的腾飞打下坚实的基础。

顾明远教授题词“教育务本，本立道生”

教学是中学教育最基本的活动，课堂是中学教育最基本的活动场所，教育务本，还是要在这个地方做好这项工作。长期以来，全国的中学教育已经形成了巩固的传统，教授式或者学徒式的教学模式被认为理所当然，那么有没有更好的模式，有没有更好的方法提高教学效率呢？想到这个问题，我们就来寻中、问中。幸运的是，我们找到一条新的思路——学着高校搞教育科研，并且进行校本研究，提出“如何让科研兴校在九中成为现实”。这个口号提出之初，广大师生都有疑问，他们认为科研是大学教授的事情，对中学提出这样的要求适合吗？经过五年多的尝试和实践，教师们终于意识到，科研对中学一线教育也很重要，中学搞科研非常必要。处静持中，运于璇枢，我们找到了解决核心问题的关键。

教育领域存在这样的现象：一方面，一些专家由于不能深入课堂而使自己的研究多停留在理论探讨的层面；另一方面，许多一线教师由于缺乏教育理论的引领而使自己长期停留在教书匠的层次。如何让二者不再“各说各话”，我们提出了“博士进课堂”的全新校本教研策略。学校先后聘请了教育学原理、课程与教学论等专业的多位教育学博士，并且成立了博士工作室。

教育研究者来到教育故事的发生现场——课堂，与学生、教师的教育实践结合起来，这种做法使教育研究者不再做书斋学问，不只在键盘、鼠标上工作，而是加入我们的学校生活世界。他们走进课堂，深入课堂教学的每一个环节，查找课堂教学中存在的问题，在此基础上提出了“分课型构建教学模式”的研究课题。

为了确保科研兴校的战略“务实”而非“务虚”，我们提出该战略时确立了三个基本原则：专家引领的校本研究必须是从郑州九中的实际而非专家研究的实验基地出发；校本研究不是个别教学科研骨干的事，而应是全员参与；校本研究有明确、可操作性的步骤与保障措施。这些让我们提倡的科研兴校有了立足点。

“钱学森之问”提出了该如何培养杰出人才、创新型人才的问题，我们对此的回答是教育自身首先要创新，而教育自身的创新必须以教育科研为先导，使教育科研成为广大教育工作者的自觉行动，为教育创新的实践服务。

第一节　行成于思

“反者道之动”，而“居安思危”。同样，在我们所生活的这片土地上，我们所理解的变革，在于反思并实践。

分工是人类发展史上的一大发明，是工业文明的巨大成果，不仅实现了作业流程的精细化、产品的精致化，而且使学科也分解得越来越细，并且形成了“专家”群体。然而，当分工的影响扩大到社会科学领域时，慢慢地也出现了很多问题。前段时间北京大学提出的改革方案，引起了社会的广泛关注，公众质疑的是这个方案更多考虑的是改革后的经济效果、学校管理的科学范式，而北大的人文精神、传统文化等软性价值均处在次要甚至被忽略的地位，最终这个方案在激烈的讨论声中收效甚微。

把人的成长分成若干阶段，给每个阶段设定特定的学习内容，由专门的人员实现学习内容的传递，这都无可厚非。问题的关键是，这种分工明确的操作，割裂了教育的内在联系，把主要内容当成全部生活，用局部代替了整体。目前基础教育教学改革的研究者多在高校，实践者在中小学，这就造成了理论研究与教育实践的脱节，相互尊重却只能相“望”于江湖。这种分工和独立，人为地割裂了理论与实践的互相印证，理论不能解决最实际的问题，实际问题也找不到合适的理论指引。所以，我们提出把科研引进九中，让“科研兴校”成为九中“中教育”的习惯。当然，我们不是主张把理论工作者和实践工作者重新混起来，完全否定分工的合理性，只是将他们进行优化组合，更好地发挥两者的积极性。

一、位置决定效果

在大多数人看来，科研是一个神圣的名词，与普通人的生活距离很远，科研工作者就应该远离喧闹的社会，出入于大小会议，受邀参加节目录制，在有关部门的组织下指导基层的工作。事实也正是这样，学者们生活在文献和数据之中，很难融入实际生活，最近几年，社会上不断吐槽专家，也的确反映了社会对理论和实际分化的不满。

就基础教育改革而言，大学与中小学合作进行教育研究或许是理论与实践结合的理想形式。大学与中小学的合作研究，一般是指高等院校或科研机构的理论工作者，与中小学合作进行的教育教学研究活动。根据以往的合作实践和选题来源看，这种合作研究有两种基本模式：自上而下与自下而上。“上下”不是地位的等级，而是流程的顺序，自上而下是指高校或科研机构带着问题到中小学调研、证明以及得出结论；自下而上是指中小学从实际出发，发现工作中的问题，请科研院所的专家学者共同找出答案。在实际的操作中，自上而下的科研方式占主导地位。

“自下而上”即改变以往科研“自上而下”的模式，实施“自下而上”的合作模式。我们的研究选题是“自下而上”的，也就是说，这里的“下”指的是中小学的教学实践，“上”指的是研究机构和高校研究者。在这里，我们没有否认自上而下的研究模式，只是我们的选题是自下而上的。在我看来，如果没有作为中国教育最基层的操作手——中小学校长和教师层面的积极参与，中国的基础教育改革是无法想象的。

我们认为，两种研究模式虽然只是简单的流程转换，但对于研究的结果却非常重要，不同的位置，效果非常不同。在“自上而下”的模式中，大学的研究者经常带着研究课题来中学“指导”，或做报告或办讲座。课题是大学的研究者申报立项的，一般属于省部级或国家级研究课题，中小学教师配合实验或提供数据。这种研究有明显的弊端，那就是研究的课题往往并非中小学教育教学实践所亟须解决的，中小学在合作中往往处于被动局面，合作的积极性、持久性难以发挥出来；高校研究者更多追求的是结题数据与结题文本，而中小学更需要的是解决实际问题的办法，希望能从自己的角度收益更多。另一方面，“自上而下”的科研容易流于形式。对于中小学来说，更多追求的是外在的“名声”——跟多少科研机构合作过，建立了多少基地，等等，考虑如何扎实开展研究不足，这样的合作一般是轰轰烈烈地开始，悄然无声地结束。

“自下而上”的研究则是指合作研究课题来自于一线中小学的教育教学实际需要，由中小学教师立项、高校研究者规划指导。“自下而上”合作路径的特点是基于一线的教育教学实践需求，中小学教师的研究兴趣比较容易调动起来。正是认识到了上述问题，郑州九中的合作研究采取了“自下而上”的研究路径。

无论是作为教育家的杜威，还是知行合一的陶行知，他们无一不是在办学的基础上成就了自己的教育思想。所以，教育研究者要来到教育故事的发生现场，与教育实践结合起来。正是基于这样的思考与认识，早在西南大学攻读博士期间，我就试图通过实践来实现我的一些关于教育的想法：着手以博士引进的方式，组建博士研究团队，让博士走进中学课堂——站在理论高地全方位观察课堂，提升创新教育课程领导力。

2009 年 8 月初，学校启动“科研兴校”战略，并聘请多名教育学、学科课程论的博士组成科研兴校博士团队，吸收七名河南大学在读研究生参与九中校本课题研究，重点从学术角度对各个研究课题进行模式构建和文本梳理。“博士进课堂”使得科研兴校不再是口号和形式，而是变成了现实。学校教科研工作首先关注了课堂导入环节和讲评课“九中模式”的探索，教代会通过的学校教科研三年规划，适时出台的《郑州九中校本课题管理办法》，为科研兴校提供了制度保障。

科研兴校成果集锦《中源》

科研兴校新闻集锦《中道》（目前已出版七部）

《中道》（七）封面及卷首

学校要求校本课题研究的主阵地在课堂，问题即课题，教学即研究。课题研究的重点是课标的细化解读和构建具有九中特色的分课型课堂教学模式，目的在于激励教师关注教研和课堂教学，促进教师专业上水平、学校教学上质量。经过教师申报、博士团队的筛选整合和培训指导，聘请知名高校专家、省市教研室教研员、兄弟学校名师和教研组长组成评委会，2010 年 4 月上旬，学校全面举行开题报告会，最终确定立项 40 余个校本课题。

郑州九中的博士团队深入课堂教学的每一个环节，全方位观察课堂、研究教学、指导教学，在此基础上提出郑州九中校本研究的方向与选题。在“分课型构建教学模式”总课题框架内，各级各类骨干教师积极申报研究课题，带动全体教师参与到校本教研中来。根据实施步骤，学校先后组织了全校的开题报告会、中期研讨会、推进会，实现了全员参与和过程管理的基本目标。

课堂研究的关键是能再现课堂，所以，我们要求研究的课堂每节课都要录像，建立研究和分析的视频库。这些课堂教学录像是研究、分析课堂的重要依据。通过“学术与实践”进而确定和评价选题的标准，以制度推进校本研究，以学术活动促进教师的专业发展，以正规的学术活动带动教师的专业成长，是学校长期发展的方向。

在引领教师参与科研的同时，我对自己的角色也有了更深刻的认识：在新课程改革后，校长更多的是“研究者”的角色，校长的“领导”要以“研究”为基础、为前提。校长的领导，即思想的领导、价值观的领导、文化的领导。

无论是请博士进课堂，还是走出去学习名校，我们始终清醒地认识到，名校模式只可借鉴，不可复制；科研兴校必须贴近实际，突出特色；课题研究必须关注课堂，才能充满活力，“以用为主，在实战中锻炼”。毫无疑问，博士进课堂让我们在扩大教育开放，引进优质资源，培养有国际化背景、国际意识、国际理解、国际责任的人才方面迈出了坚实的步伐。

我们不仅实践着而且找到了研究主题：“课型教学”研

究，即分课型构建教学模式。在反复论证了它的合理性与可行性后，我们就沿着这个研究主题进行探索。“分课型构建教学模式”研究是一个结合我校实际选择的研究课题，它是研究团队“自下而上”研究的结果。

评价、确定研究课堂的“选题”标准是科研兴校的第一步，也是最难的一步。为避免选题过于学术化而脱离教学实践，我们采取了学术与实践两个标准，两个标准都要硬：第一，选题的首要标准是学术标准，这一点是不能动摇的，博士团队的把关可以确保教师的选题不偏离学术标准；第二，以学校的实践为标准，鼓励教师的积极性，只要学理上说得通，学校就给予立项、准予研究。

我们的团队就一直努力克服以往科研兴校的弊端，不做高校课题的实验田，而是结合我校的实际，选择适合我校实践的研究方向与研究主题，与课堂实践紧密结合，去解决中小学校教育教学、教育科研中的实际问题。

实践表明，这样的合作研究路径选择是正确的、合理的。我们要求高校研究者不要带来任何研究的课题，所有的问题必须在真正的课堂上发现，必须是“为了学校、基于学校、在学校中”进行研究。

这种“自下而上”研究的优势在近几年的合作实践中充分体现出来，教师培训要“专家引领”，也要“同伴互助”，更需要“自我反思”，促进教师从自身实践中找到“问题即课题”中的问题十分关键。例如，听课是学校再普通不过的事情了，教师们司空见惯，当我发现听课只停留在“听”的层面时，就把促进“课堂观察”作为校本教研和培训的新的切入点，收集有关课堂观察的学术文章，从理论上分析“听课”与“课堂观察”层次与要求上的不同，引导教师从局外人的“听”进入“观察”层面，从课堂管理角度观察、从学生角度观察、从教师角度观察，全方位审视课堂教学。这种从身边的问题引申为课题，从而激发教师进行反思与研究，改善教学的行为，我们一线的教师都说：“这样的研究才是为了学校发展的研究！”

“中教育”要求找到每个工作角色最合适的位置，让与中学教育有关的人、事、物和活动等各项内容恰当地体现其价值，发挥其作用。只有这样，才能还原中学教育的原貌，取得切实的效果。位置的“上下”互换，不仅是合作模式的改变，更是理念的转变，这种转变将是指导一切教学实践的基础，更有意义。

二、角色改变现状

由于我们把中学教育研究放到适当的位置，揭下了科研的神秘面纱，自然而然地，我们把两个参与中学教育研究的主体放到了最合适的位置，角色的改变使研究更有价值，实践更有指导性，主体的创造性更能充分地发挥出来。

首先改变的是专业的研究团队。教育研究者要来到教育故事发生的现场，真正把中学生活当作前沿阵地。对习惯了进图书馆、分析数据的科研工作者而言，这是一种全新的尝试，他们进入学校后，其身份不再是高高在上的专家团队，不再是带着指导和意见的莅临访问。这时，他们的临时角色是教师，他们需要跟临时的“同事”商量课题，有时还得放下身段虚心请教，他们的结论不再是出自冷冰冰的文献书籍，而是源于活生生的课堂生活。为此，我们的一个重要举措是“博士进课堂”，我们要求这些高校和科研机构的研究者改变以往的研究思维，先要放空自己，没有课题要求，没有现成的数据，而是先进课堂，去听课、去感受中学的日常生活。有一个非常典型的例子，曾有几位博士来到九中随机听到一堂讲评课，我们的教师告诉他们：“这节是讲评课，主要是讲卷子，没啥听的。”然而，博士团队却从这个简单的交流中敏锐地感觉到教学中存在的随意性问题。他们从理论上分析这句话的不合理性，学校安排的每种类型的课程都有非常明确的指向性，上课不是表演，而是为达成教学目标而精心设计的教学过程。不能说讲评课就没有听的价值，而是要找到讲评课特有的价值。于是，学校接受了博士团队的建议，把讲评课、习题课作为全校一个阶段的共同课题进行研究。目的就是要将教师教学行为中潜伏的教育理念、主导价值观挖掘出来，把教师无意识的、又无时不在主导自己行为的教育观念显性化。经过专家团队和一线教师的研究和交流，我们的教师明确地认识到习题课不仅是改正对错的事，还需要从“讲评前”“讲评中”“讲评后”三个阶段设计出科学、完善的讲评环节。这样的讲评课，教师讲得更明白了，学生学得更轻松了，成绩提高得更快了。经过这个事件，博士团队也很快意识到，课题不是关在屋里想出来的，而是要深入到课堂中去进行。

接下来角色改变的是我们的一线教师。中学教师是个非常辛苦的工作，他们的教学任务重、课时多，还背负升学率的巨大压力。教师们普遍认为，研究是学者的事情，中学教师的唯一任务就是成绩。然而，当学者把研究的成果和理念讲给中学教师时，中学教师虽然也认为这些理念都非常好，但是运用到实际工作中就很难实现。类似以学生为主体、尊重学生这些理念和研究成果都是纸上谈兵，站着说话不腰疼。于是我们通过各种方法鼓励教师参与科研，并且要求科研要有针对性，要从实践中来，为实践服务，务实不务虚。当科研成为习惯，教师们尝到了科学的教学方法不但没有浪费自己和学生的精力，反而提高了教学效率和升学率的甜头时，科研兴校就不再是口号，而是成了切实的行动。

“一花独放不是春，百花齐放春满园。”要保持学校持续健康的发展，就必须有一支特别能战斗的教师队伍，全面提升教师业务水平。校内课堂教学督导制度是学校出台的一项重要措施。《郑州九中课堂教学督导方案》规定，从名师听课、学生评价、作业与教案检查、统考成绩认定和个人反思与发展规划五个方面全面考评每一位教师，有力地促进了教师的专业发展和自主提高。学校强力推行“名师工程”，着力打造“四课”：名师示范课、达标评优课、推门听课和师徒结对课，并进行全程录像，在校园网上建立“名师课堂”，开辟“名师博客”。青年教师的培养始终是学校永恒不变的主题，学校实施“青蓝工程”，开展师徒结对课评比活动，师徒二人同上一堂课，既检验了导师的引领效果，又促进了青年教师的成长。展示课评比，激发了青年教师对课堂艺术的完美追求；基本功大赛，强化了对课改的认识与实践；“青蓝工程”使以老带新工作迈上了一个新台阶。课堂教学督导、“名师工程”和“青蓝工程”的实施，使广大教师专业水平不断提高，骨干队伍不断壮大，为学校的持续健康发展奠定了坚实的基础。

一线教师参与科研，对科研成果的可行性有敏锐的洞察力，对解决问题的方法更有鉴别力。由于他们身份角色的转换，专家学者的工作更加务实，个别案例很快上升为可推广的普遍方法，经验总结提高到了理论高度。这样的中学教育才是完整的模式，才是“中教育”需要培养的模式。

第二节　法乎其中

“名不正，则言不顺；言不顺，则事不成”，法乎其中，求教学之“中”，以学术为先。

必须承认，我们的改革只能在有限的范围内进行，因为大的教育环境毕竟是我们改革的前提，如果忽略社会整体评价体系，改革就会虎头蛇尾。当然，有限范围的改革非常脆弱，很容易被推翻，很容易偏离原先设计的轨道。因此，在面对强大的社会评价体系时，美好的愿望如果没有完善的制度也很难推行下去，我们在设想一些理想化的举措时，必须充分考虑实现理想的环境是否能够同时被营造。科研兴校战略思想的全面实施，不仅使学校生活得以改变，而且使教师的生活和思想得以全面的改变。郑州九中的科研兴校已经实行了五年多时间，之所以运转良好，是与制度这个强大保障分不开的。

一、科学与民主——制度设计需要找的“中”

我们学校的办公楼称为“执中楼”，制度是从这里发出、在这里检验、由这里发展的，秉本执中，是我们设计者最关心的问题。制度不是行政强制力的无限扩大，不是条条框框的简单罗列，它需要精心策划、精密设计才能起到真正的作用。

我们说，学校是学习的地方，也是生活的地方。既然是生活，就不是冷冰冰的说教、检查、奖惩，要让所有的人感觉到，有了制度就有了保障、有了动力、有了方向。怎么来理解呢？如前文提到的，中学教师的压力非常大，他们也不愿意做重复性劳动，但从目前对中学教师的评价体系来看，重复劳动似乎是最有效的方法。对学校而言，在社会评价体系没有改变的情况下，强制要求教师另搞一套，自然会带来各种顾虑和反对。所以，我们要合理研判目前的形势教育气候，找到能够推行的、能够实现的改革方向，用合理的机制推动广大教师参与，让他们的成果得到承认和推广。

经过认真研究和思考，郑州九中把行政推动和学术引导结合起来，取得了一定的效果。比如，我们在合作研究的早期，通过教代会制定了《郑州九中校本课题管理办法》。该条例是推动研究的政策基础和依据，是行政推动力量的政策支持。条例规定：向研究小组提供经费支持，一般课题经费三千元，重点课题五千元；参加课题研究并顺利结项者，可作为评优、晋级的重要依据。把学术研究纳入教师工作的正常轨道，与教师的切身利益相关联，并且解决教师的经费之虑。教师们觉得奖惩更阳光了、更民主了，积极性自然就更高了。

把学术引领真正放到该放的位置。究其原因，高校和科研机构的研究者们提供的很多理论缺乏实践意义，缺乏可操作性。有些专家可以把“以学生为主体”的必要性讲得天花乱坠，却不能说明白下一节英语课如何以学生为主体。我们的中学教师早就听腻了这些空洞无物的学术成果。因此，我们对合作院校的科研工作者，对走进课堂的博士团队都有严格的筛选，对他们的研究课题也制定了相应的评审制度，保证理论对实践产生一定的实际效果，正如我们的合作专家有感而言的：只有能真正指导实践的理论，才能不断巩固和提升教育理论研究的应有地位与作用，才能让教师感受到理论的力量。

这些制度总体来讲，需要科学的设计和民主机制，让所有参与这项工作的人员下得去手，而且明白无误地去理解，主动地参与制度的建设。

“中教育”必须有可操作性和可适性，把问中、寻中、执中的各个环节纳入合理、合适的制度规范层面，使教学理念找到适合生长的土壤，教学实践能得到理论提升，通过制度设计保障理念和实践的相得益彰。提到中国传统文化，人们往往更多关注于帝王将相、阴谋权斗，其实这是对中国传统文化的误解。有一个很重要的阶层，即“士”阶层，这个阶层是制衡权力集中的民主力量，中国传统文化中不缺乏民主力量，它与集权相互角衡，共同推动中华文明的演进。“中教育”的启示是，制度设计需要权威，需要强大的执行力，但制度设计的内容必须充分体现民主、公开和可检验性。这样的制度才能称得上“执中”，人们才会欢迎并乐意去实践。

二、合理的评价体系——制度设计追求的“中”

评价体系也就是对劳动成果的检验标准，合理的评价体系应充分考虑到劳动者、劳动对象、劳动环境等综合因素，实事求是地制定评价的标准，设定检验参照系统，做出符合事物发展规律的评价结果。评价体系不合理会打击劳动者的积极性，无法保证实现制度设计者的意向。

经过反复讨论，我们认为，对中学教师校本研究的评价体系需要采用学术性和实践性的双重标准。因为，第一，中小学教师所从事的研究，毕竟不是纯粹的学术活动，不能用专业的学术研究标准要求他们。他们一般不具有专业学术研究的精力和时间，如果一味地要求他们按照专业学者的学术规范去做研究，确实会影响他们正常的工作，给他们带来负担，使他们失去研究的兴趣，很容易引起教师的反对与排斥。第二，中小学教师的研究成果除了学术的创新外，最重要的是要有实践性，即更注重对教育教学实践的改进效果。教育研究强调的“实用”旨趣在中小学校本研究的过程中体现在教育教学质量的提升、教师专业素养的提升上。这些提升更强调立竿见影、拿来就能使用的效果，把科研很快转换为成绩。对严谨的研究论文、科研数据、科研结果并不十分强调，这些成果可以交给后期专业的研究团队完成。为此，郑州九中的校本研究是这样调控研究的实践性的：

第一，研究的选题应以自己的教学活动为主，特别是以课堂教学模式为主。合作研究的选题以教学为研究对象，恰恰切合教师们的传统印象，那就是中学以升学为要旨，以提高教学质量为要旨。以“教学”为研究对象，更容易调动一线教师研究的积极性，实践也证明确实如此。

第二，重视研究过程，在过程中实现提升。我们的校本研究一方面认为研究结果很重要，也就是说，教学效果是否通过使用了某个研究成果得到了提升；另一方面也强调教师在研究过程中有什么样的成长，也就是说，在得到一定研究成果的过程中教师本人的素质有哪些提高。因此，我们对教师的研究过程把控很严格，对教师的研究方法、研究手段、研究进程进行全方位的跟踪。比如，我们进行的分课型教学模式研究，每一个课型教学模式要获得通过必须经过严格的评估，这就要求研究小组反复研究教学模式展示课，也就是要求受评的教师用实际的课堂形式体现自己的研究成果。完成这个课题需要课题组教师认真思考教学模式的特点，共同进行交流，反复研究教学流程，做好总结和报告，这个过程就是教师成长的过程、水平提升的过程。再比如，集体备课和课后评议都有严格的内容和程序要求，这有利于教师们将研究引向深入，不断反思结论的合理性，提高教师发现问题、解决问题的能力，并能及时得到总结和推广，让教师在研究过程中都有不同的收获。

第三，重视课题展示。任何教学模式最终都要体现在教师的课堂教学实践中。教学模式研究的价值不仅在于文本表述的科学性，更在于实践的有效性。所以，我们的课题结题验收不仅要有教学模式的文本总结，更要上一节教学模式展示课。我们对教师提出了以下要求：课前由研究小组集体备课，课题负责人负责把关、审查；课后由博士研究团队及研究小组集体评课，实现“理论与实践”的面对面交流。一学期下来，我们的研讨课累计达百余节。这百余节课与百余次研讨不仅展现了丰硕的研究成果，而且大大提高了郑州九中的教学效果。

上述三方面的要求，就是我们对劳动成果的评价体系，这个完整的系统使中小学科研和教学质量的提高达到了完美的结合。实践标准和学术标准相结合，可以更好地提升中学校本研究的有效性与学术价值。

三、规范性和标准化——制度设计内在的“中”

我们用两个系统来评价教师科研和教学的成果，其前提是要有规范化的操作程序，要有标准化的工作要求。当然，这个规范必须是适合中学教育教学要求的规范，不能脱离教学实际，同时也不能离开基本的学术精神，信马由缰。这个制度的设计要符合“中教育”的基本理念，既要有相当的“学术味”，也要有充分的可行性，总的来说，就是内容决定形式，形式反映制度。所以，我们借鉴了科研工作者的一般学术规范，从选题、开题到结题，各个环节都严格把关。比如，开题报告的结构和内容，我们基本是按照一般意义上学术研究的要求来开展，规定开题报告应有课题选题背景、研究的目的与意义；国内外相关研究现状分析；课题的主要研究内容、实施方案与进度安排；主要参考文献等。这既是学术研究的一个重要环节，也是提升教师专业素养的重要过程，使教师知道何谓教育研究，怎样做教育研究。

规范性和标准化的制度设计，让不同成果有了可比性。如果没有规范，只是凭领导者和专家团队的主观判断，不仅缺乏公正客观的标准，而且会让教师们无所适从，无法把先进的经验推广开来，无法甄别优劣好坏。

当然，在规范化和标准化作业中，要非常注重中学校本研究的特点。比如一线教师的科研更强调结论，以及是否有把结论运用到实践中的可能，及在实践中到底有哪些提高；提倡文风各异，中学教师的科研应是生动生活的提炼。我们更希望教师用生动的语言表达生动的生活，最后将研究结论运用到生动的生活当中。如果离开中学的土壤强调学术的规范，离开中学教师的思维习惯强调科研的严谨，那就不是中学教师的科研成果，也就失去了中学自求上进的研究基础。总之，规范和标准为研究取得最适合的位置提供了框架。

第三节　范乎立中

孔子非通常意义上的“儒生”，他更希望他的学生成为国家的栋梁，即所谓“成人”。我们所立之“范”，亦在于此。

示范是将做事情的经过展示给人们，以达到用鲜明的案例加固概念的重要作用。在“中教育”的整个探讨中，我们非常强调行为识别系统，也就是任何理念最终都需要行为来识别，让人们感觉到不同类型的行为、不同的表现模式，代表了不同的理念及理念要求。同样都是中学教育，同样是上一堂课，但教师上课的目的不同，备课内容就有不同，讲授方式也有区别，当然学生的接受程度也就不同。所以，我们要把“中教育”理念落到实际行为中，才能真正起到应有的作用。要落实到实际中，示范就显得非常重要，把概念背得再熟练，不会运用，或者一运用就走样，是一件非常可笑的事情。示范要有典型性，这些典型是需要慎重思考的，是能够有说服力的典型。

一、校长——最典型的身份和角色

在基础教育改革中，校长的重要性不容忽视。要说示范，没有比校长更合适的人选了，校长要做示范者，首先要做的就是角色的转换。我们看到很多牵头的领导人把改革当作教育别人的事情，在自己的观念里和行为上始终以指导者、检验者的角色出现，其实是错误的定位。校长通常被理解为领导者、管理者，但我认为，在“中教育”理念推广和新课程改革中，校长更多的是“研究者”的角色，校长的“领导”以“研究”为基础、为前提。校长的领导是思想的领导、价值观的领导、文化的领导。校长要通过学习和研究提出科学的办学理念、构建理性的教育哲学、打造学校新文化。因而，没有好的研究，就难以确保领导的科学性和方向性。

校长的身份具有特殊性，是新概念提出的源头和推动者，对理念理解更为深刻，所以校长身先士卒和以案说法具有一定的权威性。校长改变角色，把自己当成示范的案例，就是把各种理论、制度构想、方案设计等文字性的隐性的内容，用鲜明易懂的方式显现出来，成为显性的行为示范。当然，这样做也是有风险的，因为校长也会有“犯错”的时候，或者出现很多意想不到的情况，会被观摩者拿来“开涮”。但这个出错、纠错的过程也是重要的示范，既能亲身感受和体谅教师们的辛苦，也能较早察觉自己的行为是否符合“中教育”的理念和最初的课改设想。最重要的一点是，教师们会感觉到，我们都是这个理念的行动者，是相互扶持、共同前进，而不是在诟病中勉强共事。

2010 年，郑州九中成立了“校长工作室”，校长真正承担起研究者的角色。校长工作室需要研究的领域相对较广，包括中学教育理念、学校管理、教学教研、学生管理，等等。校长工作室是一个团队，随着研究对象和课题要求不断调整；校长工作室也是一个标志，推动整个学校教学科研的顺利开展。

二、名师——不可或缺的中坚力量

“名师”这个词不是我们的发明，2011 年郑州市教育局倡导在全市组建 50 个“名师工作室”，九中获批两个。我们没有把名师工作室当作一项任务，而是认真研究名师工作室的职能，充分发挥其示范作用，用以贯彻“中教育”的理念。

名师工作室的基本职能是名师成为引领教师专业成长的学习型、研究型、合作型专业组织；基本任务是名师团队对青年教师进行专业的培养和对学区教育工作提供专业支持。名师工作室为教师之间的交流搭建了一个非常有效的桥梁，教师们通过这个桥梁互相交流教学经验，分享教学创新模式。名师工作室利用教育局和学校给予的特殊优势，充分考虑教师在教学中遇到的困惑开展研究，并且在充分了解学生需求的基础上，结合学生发展的长远目标进行研究和推广工作。名师工作室的集中示范、重点试验、有序拓展给教学提供了可靠的准备工作和可信服的实践数据。

名师工作室不是郑州九中的首创，但郑州九中的名师却很多，我们确立的科研兴校战略，实行的一系列科研兴校的方法，都需要理解力强、经验丰富、素质较高的教师作为示范样本，所以我们自己拓展了名师的数量和类型，保证了足够的示范规模。每一个课题小组都有核心教师带领，每一个受到好评的课题参与者都是大家心里的名师。在我看来，名师应具备以下两个方面的素质：

思考与探索。名师应该是问题的提出者，也就是我们经常讲的"问中"，名师对现状应有足够的敏感度，对教学中不合理的现象有自己的思考，这就是为什么名师会成为课题召集人的原因。同时，名师也要具备积极的探索精神，探索的过程经常会出现各种各样意想不到的问题，名师应该能够保持冷静和客观的态度，引领研究朝着正确的方向发展，这也就是我们常说的"寻中"的过程。

支持与撤退。名师是带头人，是示范者，他们应对课题的参与者和观摩者起到支持的作用，为他们无法独立完成的工作提供有力的支持，帮助他们设定目标、感知信息、补充知识、找到方法等。同时，名师不是保姆，要在适当的时候撤出支持，让其他人可以在丢掉拐杖后能继续前进，这时名师要习惯撤退、适当撤退。

第四节　植乎时中

“周虽旧邦，其命惟新。”60 多年来的发展，学校始终没有脱离“教育”之“时”，“植乎时中”是一种执中而变革的姿态，是一种实践认知，也是一种智慧认知。

教学模式是指为实现某种教学理念而构建的相对稳定的教学设计，以及较为固定的教学活动样板。我们从“中教育”的理念出发，希望能找到教育效果较佳的，特别是适合郑州九中的教学模式。经过长时间的全面课堂诊断，我们找到了“分课型构建教学模式”这个路径。经过论证其合理性和可行性后，沿着这条线索，我们找到了一条适合九中实际的教学活动规划。

分课型教学模式是统领不同学科和不同教学内容的教学方法、课程规划和操作程序，是在更宏观的层面上，代表教学效果所要求的最佳方法。它要解决的问题是什么样的课堂才是适合学生成长的，这种适合学生成长的课堂需要什么样的手段才能形成？

一、分课型教学模式的概念和特点

在教学模式的探讨中，不存在一个能够统领不同教学内容、不同学科的教学模式，为此我们经过摸索，找到了教学模式的合理载体，那就是课型教学，即分课型教学模式。

分课型教学模式是指按照一定的标准，把课堂教学分成若干类型，从中总结出各种类型的特点，找到最佳的教学方法，以提高课堂的教学效率。比如把物理课分为理论课、实验课、习题课，理论课还可以分为概念课与规律课。通过课型的划分，师生能更直观地看到教学内容，更集中地反映授课过程中遇到的问题。

分课型教学模式的主要特点如下：1. 概括性，也就是说，课型划分不能随意，划分的课型是本门课程中必有的、常有的内容，可以归为一类来研究；2. 阶梯性，课型划分要有层次性，可以从大项到小项逐级分类，比如语文课可分为新授课、复习课、自读课、写作课、阅读课等，其中，新授课还可分为导读课、研读课、讨论课等，这样做的好处是可以将课型层层分解，具有可操作性；3. 个性化，个人的教学特长和喜好，也是一个很重要的特点，从自己最擅长的课型入手，能取得更好的效果，也是补他人之短最有效的方法，“中教育”就是不给出所谓的正确答案，让每个人都有可发挥的余地。

分课型教学把杂乱无序的教学上升到有序的教学，使教学有例可循，不仅如此，它还将教学提升到艺术化的高度，因为它遵循了教学的内在规律，所以让教学变得不再枯燥。

二、分课型教学模式的价值

分课型教学模式不是哪位专家的发明，而是郑州九中在“中教育”理念下，通过科研兴校，从课堂中总结出来的教学模式。其实，很多教师很早就在使用分课型教学模式，比如最常见的新授课、试卷分析课、实验课等，只是没有用明确的概念进行归纳。这就说明，教师的教学经验如果不进行反思、整理，将无法上升到理论层面，也就很难形成有推广价值的教学实践，最后只能成为“作坊式”的教学经验，即使带上再多的新教师、实习生，也只能是“学徒式”管理。

分课型研究的价值如下：1. 分课型教学更尊重教学规律的总结，让教师更会教、学生更会学，使课堂更尊重人的学习习惯、更贴近人的学习生活。分课型教学根据每个学科的特点，将课程划分成几种类型，既便于大家认识归纳，也容易找到同类问题的共同之处。过去的教学只考虑到知识的灌输，不讲究方法，更少考虑学生学习的感受，学生在题山卷海中盲目跟从，分课型教学使教师的教学更有指向性，学生也能从系统上把握知识体系和学习方法。2. 分课型研究使好的教学方法能够共享，提高了教学效率。很多教师在教学方面有自己独到的见解，但只是自己无意识地掌握，或是片言只语的总结，无法进行推广。分课型研究使教学中的先进经验能够集中体现，通过专家和教师共同研讨，形成完整的教学方案，有助于推广和应用。3. 分课型研究使课程教学中的突出问题表现得更明显、更集中，方便“会诊”，以便改进。“会诊”是个医学解疑的好方法，把课题中发现的问题经过多方面的讨论、诊断，解决了教学中遇到的很多困惑。

在这个过程中，教师是一切课程资源的起点，也是落脚点，是教师在解读课程标准，是教师每天在选择、整合多种多样的课程资源成为课堂教学内容。在这一过程中，校长走进课堂，对教学进行直接引领，才能突显校长的专业地位和课程领导力。学校也在全面加强教师设计教学、实施教学、评价教学的能力以及教学反思与研究能力，促进学科建设，形成学科特色，以先进的文化和教育理念引领学校健康发展。分课型教学模式是郑州九中提倡“中教育”以来，在教学和科研方面比较有特色的成果积累。分课型教学提供了一种教学模式，也可以说是提供了一种教学研究方法，是专家学者和一线教师从实践中自下而上总结和生成的教学智慧。

在中学搞科研需要勇气，同时这个过程确实很辛苦，但不管怎样，我都坚持这么做，因为我清楚，教师的专业学习和培训以及专业发展就在其中。“中教育”需要结果，更提倡过程，因为结果总是暂时的或过去的东西，科研兴校本身就不是结论性的举措，而是提倡用探索的精神、用科学的态度、用研究的方法不断寻中、问中。“中”即是道，需要秉持，道似无形是有形，道要求秉要执本，本立而道生。

第四章

得中

气之养，人之魂

题解：“得中”语出《易》：“柔得位得中，而应乎乾，曰同人。”《彖辞》说：同人，六二之爻居于下卦中位，而处于乾卦的下位，像臣民忠于职守，拥戴其君，这是同人的卦象。同人卦辞说：“聚众于郊外。将行大事，吉利。有利于涉水渡河”，所以皆吉，因为能施行为君的原则。此卦上乾下离有文明刚健之象，九五阳爻局上卦中位，六二阴爻居下卦中位，互相应和，这说明君子光明正大，秉性中和，以正道为准则，体察天下的隐衷，理解人民的意志。

学习到底是不是只有课堂和书本，在这个被称为“学校”的园子里，教育应该给这个园子再加上一些什么？一个学生个体在走向社会的过程中，学校、家庭和社会，要让他成为什么样的人？这是我提出“中教育”理念的基础，也是“中教育”这个命题的价值追问。从这个意义上讲，“中教育”不赞成颠覆，而注重还原，还原中学教育的本来面目，还原作为独立人格的中学生应具有的本我生态，还原中学教育者应扮演的真实角色。

在我看来，“校长”是一个团队，这个团队依据教学实践，选择发展方向，一步步构建自己的教育思想体系，这应该是学校发展的核心。学校必须拥有一个集体文化、一个道德秩序，以与“本我”发展相一致，而这个文化是教师、学生和家长共同创造出来的。所以，学校不是被设计出来的，而是生长出来的，而且通常伴随着艰辛和等待。

“筚路蓝缕，以启山林”，我们以生态大课堂的构建为核心，依师生之“本我生态”，在理论和实践上开展了一系列研究和探索，践行“学校是学习的地方，也是生活的地方”的教育观，打造出具有鲜明特色的“教师教”和“学生学”。经过多年的教育实践，我认为，全面否定现有的教育体制，根本否认已取得的教学成果是不科学、不合理的。从“中教育”要求“适中”的角度看，分数不应当成为被谴责的对象，我们不是要扳倒一个，再树起一个，而是要尝试用“加法”以求适中。换句话说，就是让分数在整个中学教育体系中回归到适当的位置，同时让中学除了知识传授外，也重视素质、情感、态度、价值观的培养，进而达到中学教育的不过也无不及。

得中楼

第一节 课堂春风

“秉要执本，清虚自守。”课堂乃成就师德之地，智者之静、仁者之动，化育春风，师之乐也。

从教育务本的要求来讲，成绩在一定程度上代表了教师的教学成果和学生的学习收获，当然也是升学的重要依据。所以说，研究中学教育要从研究课堂开始，因为课堂是教学故事发生的现场，是中学教育的核心环节。课堂中有些因素是固定的，比如固定的时间、较为封闭的场所、集体学习的课堂形态等，但课堂的内容和形式却没有固定的模式，这正是“中教育”所要完成的任务，即在看似稳定的环境中，如何适当地调动各方面的积极性，让课堂的效果达到最优。因此，我们提出了“生态大课堂”的概念，简要地说，“生态大课堂”是要充分调动教师和学生两个主体的积极性，以取得更好的教学成果，即所谓“教师教”和“学生学”的完美组合。前一章我们重点从“教师教”的角度，论述了学校、教师和校本教研在课堂中的角色和定位，这一部分我们要观察一个更重要的角度——“学生学”，这样才能构成一个完整的学校生态系统。

一、生态大课堂中的本我生态

课堂教学的最终目的是让学生充分接受、理解、习得成为社会人应具备的知识体系和能力体系。教学目的能不能达成取决于两个方面：一是教师教得是否得法，二是学生学得是否得法。现在我们还有一些课堂，教师和学生各唱一调，相互抱怨。出现这些问题的原因在于教和学各执一端，没有找到“中”，结果必然是事倍功半。把生态这个概念引入课堂教育理论，不仅使描述更加生动，而且更加贴切。无论是“教师教”还是“学生学”，都要在“教学生态”这个大环境下进行，“教学生态”的健康发展归根结底是每个个体生态的健康发展，我们称其为“本我生态”的健康发展。

本我生态是“中教育”最核心的概念。在世界大同、地球一村的趋势中，我们所关注的“本我”成长，与课程实践有关。我们的实践创新是为了让学校生活世界里的每个人，在心理纠结和历练中砥砺前行，学会忍受生活中属于自己的一份悲伤，学会与自己的伤痛和平共处，习得一种感觉，习得纠结体验，习得一种文化品质和素养。在我们看来，这就是成长。

教育的最终目的要落实到每一个人身上，教育成果也在每一个人的行为上表现出来。如果课堂教学只考虑集体性、统一性、同质性，而忽略有鲜活生命个体的人，就无法准确把握教学规律，或者说就会剑走偏锋，失之“中”。每个生命都有自己的轨迹，存在于他们所听所看所游的生活世界，我们不能对这些客观存在的事实视而不见，否则就会让整个“教学生态”出现畸形的发展态势。

因此，我们说“教师教”和“学生学”都要从本我生态的现实出发，研究课堂所需要的正常的生态环境，才能“致中”。进一步说，生态大课堂不再信奉因强调整齐划一而遵循的“优胜劣汰”法则，而是强调尊重个体的“共生主义”理念。这样的课堂教学才会呈现出持续性、生态性，呈现出一种整体“共生”的优雅和千姿百态的美丽；学校生活世界里的所有人都固守差异之美，并逐步创立一种本我文化和独立精神，这才是一个真实的学校生活世界。

正因为这个理念的形成，我们对教学的关注点提出了更高的要求，“分课型构建教学模式”和科研兴校不是临时起意，而是“中教育”理念落实的结果，要求课堂教学、教师备课、教学评价从简单的分数中提高一步，更加关注和突出学生的学。我们于 2014 年年初制定了郑州九中生态大课堂评价标准，就是要关注和突出学生的学，把让更多学生真正投入学习作为课堂评价的重要标准，实现“本我生态”的量化。

二、生态大课堂的探索

生态大课堂强调关注“本我生态”，教师是本我生态的一支，也是课堂教学本我的一个方面，所以，前一章集中讲述了教师在生态大课堂中的角色定位、作用及郑州九中的具体做法。这一章要从另一个方面，也就是“学生学”的角度，来阐述生态大课堂的具体内容，这一支相对较为复杂，也更重要、更核心，因为这一支是很多人、很多本我共同组成的一个面。

生态大课堂是以学生为主体，强调每一个学生的需求，实现教师与学生发展的真正统一的课堂教学。它强调知识的动态性和发展性，强调学生是具有丰富独特信息处理能力的主体，强调教师的促进作用，强调学生在构建自己知识体系的过程中，教师要为其创设适合的学习环境，促进学生重组、转换和改造自己的知识。与传统的课堂教学模式不同，它强调让学生健康成长，努力适应学生的个性发展，尊重学生，突出个性，充分发挥学生在课堂中的积极性，为学生的全面发展奠定基础。所以，“分课型构建教学模式”的重点不是为方便教师教学，科研兴校的重点也不是研究各门学科的内容，而是要让教和学更和谐地共生，更愉快地相处。

因此，生态大课堂坚信“种子”信仰，以“尊重、唤醒、激励”为核心理念，致力于构建一个文化、心理、行为和谐共生的课堂氛围以及新型的师生关系和生生关系，注重教师素养、学生素质、教学内容、教学情境的协调共生。教师在教学的每一个环节，如果都能够以这种理念为指导，并且根据不同课型的特征进行设计和实施，教师就不再是课堂的“独裁者”，而变为学生学习的引导者，角色意识、服务意识也会逐步增强。“民主、平等、和谐，自主与合作，开放与选择，多元的评价方式与个性发展”成为郑州九中生态大课堂的主要特点，课堂呈现出浓浓的人性关怀和生命敬畏，师生共同的生活质量和学习质量得以提升。

比如，我校郭河秀老师主持的《高中语文小说单元“激励—探究”教学研究》这个课题，其主要目的是探究在高中语文课堂上，如何用激励的方法引导学生主动探究小说单元中人物的形象、社会背景和中心思想等要素。郭老师在上小说课时激励的方法是用到了，但还是以“教”为主导了，所以没有实现教学目标。经过专家和郭老师的反复探讨和商议，在“学生学”上下了很大功夫，最终小说教学不但目标明确、结构清晰、激励到位，而且学生学习的主动性明显增强了，学生分析问题的方式和角度也不断更新。

“中教育”强调适中，强调角色清晰、定位准确、效果显著，生态大课堂充分尊重课堂各主体的本我状态，要求本我的内在潜力得到充分发挥，进而实现教育教学的根本目标。

第二节 生机勃郁

宋国有位国君，吩咐一巧匠雕刻叶子，巧匠三年为之，其窍其真，无人能辨，国君得意。而在列子看来："使天地之生物，三年而成一叶，则物之有叶者寡矣。"故"本我"生态乃生机勃郁之本。

生态大课堂是一个更宽泛的概念，也是一个形象化的概念，是对整个中学教育的生动描述，课堂教学只是生态大课堂最核心的部分。看教育犹如盲人摸象，我们必须从多角度去观察，看到教育中更多潜在的价值，这样才能把更多的教育思想浸润在活动过程中。如果认为只要解决了课堂教学的问题就解决了整个生态大课堂的问题，就完成了中学教育的全部任务，那就是以偏概全，也是与"中教育"理念相违背的。

"中教育"要求把握事物运动、变化和发展的各种联系，遵循规律，追求真理。学校不仅是学习的地方，也是生活的地方，就是倡导整个学校生活是一个有机联系、相互影响的整体。课堂需要学校其他生活的补充和支持，才能使生态良好，学校其他生活需要课堂的指引，才不至于失去基本的方向。仅仅有课堂，学校生活并不完整，缺少课堂的基本导向，学校其他生活将无异于学校之外的世界，亦无建立学校之必要。

“中教育”是平衡的教育思想，平衡不是平均，而是要抓住重点，把握事物之间的联系，达到生态的平衡发展。为了达到这种平衡，经过多年的实践探索，我们把创新教育作为推手和突破口，并形成了以“研究”为标志的教师创新教育能力、以“参与”为标志的学生创新实践能力以及具有九中特色的“教师教”和“学生学”的生态大课堂。

一、在实践中创新

“中教育”强调在事物的变化发展中把握其内在的联系，实现教育生态的平衡发展。既然事物是变化发展的，是动态的，那么观察事物的眼光和处理问题的方法也应该是变化发展的，创新就是解决这个问题的最好方法。

实践创新也可以理解成为教育领域的创新，即为实现一定的教育目标，在教育领域进行的创新性的实践活动。具体的教育活动有具体的教育目标，总的来看，教育的目标就是不断提高国民素质，培养适应社会发展需要的人才。从这个概念看，实践创新主要包括两个方面：一个是教育目标的创新，也就是对教育对象期许的不断更新，即什么样的人是社会需要的人才；另一个是教育手段的创新，也就是培养这样的人才，教育者或教育体系本身需要不断创新。前者是目标，后者是方法，“中教育”就是要实现目标和方法的统一。

我们先从目标谈起，让我们看一下对培养创新对象的期许是什么，他们有什么特征。美国现代著名精神分析理论家、心理学家埃里克森认为：“人格发展贯穿人的一生，但与创新人格最紧密相关的五种人格，包括信任感、自主性、主动性、勤奋和自我认同，其发展阶段都在 18 岁以前。”可见，中学阶段是创新人才成长的重要时期，中学作为培养创新苗子的试验田，在创新人才的培养和开发方面，肩负着非常重要的责任。中学创新教育是希望通过对中学生施以教育和影响，使他们作为一个独立的个体，善于发现和认识有意义的新知识、新思想、新事物、新方法，掌握其中蕴含的基本规律，并具备相应的能力，为将来成为创新型人才奠定全面的素质基础。

因此，“中教育”谈到的实践创新是以培养学生具有一定的创新意识、创新思维、创新能力以及创新个性等创新素养和创新精神为基本价值取向的教育。基于这样的目标，我们期许我们的培养对象应具备以下素质：

第一，中国灵魂，世界眼光。中国灵魂不仅仅是培养爱国主义情怀的问题，而且我们需要立足现实，从实践中发现问题，找出办法，为实践服务。脱离实际的创造，就是脚下无根，没有意义，也很难做出成绩。顾名思义，世界眼光就是让学生开阔视野，放眼最先进的理论和实践，展开丰富的想象力。中国灵魂和世界眼光的结合，就是“中教育”适中和平衡的要求，是生态环境健康发展的基础。

第二，实践创新要求教师和学生都要具有创新意识和精神，敢于质疑和批判。这里提倡价值中立，思想共生，追求个体创新性、独立思维品质的生成，着眼于对学生创新意识的培养。中学阶段，我们不期望学生能创造出什么，只是希望学生要有求知欲，不满足于现成的知识和结论，多维性、多元性和自主性地发现问题、研究问题。

至于教育方法、教育手段的创新是对教育系统、学校和教师提出的要求，俗话说打铁还需自身硬，要培养出具备上述素质的学生，对教育者就提出了更高层次的要求，比如，我们讲的“中教育”理念就是哲学层面的创新思考，生态大课堂概念就是落实“中教育”理念的创新实践，分课型构建教学模式更是具体的创新工作实践。

教育教学所取得的这些成绩，是由教育生态变化而带来的。我们的努力，是试图让学生选择一种“本我”的生活方式并有勇气坚持下去。然而，要实现“中教育”所要求的创新教育，还需要更多的创新实践做支撑，笔者将在下一节介绍郑州九中几个比较成熟的做法，以供同人参考。

二、在创新中实践

创新实践为生态大课堂不断带来新的力量，弥补了单纯课堂教学的不足，完成了“中教育”要求的全面、动态，相互影响、相互支持的完整的中学教育系统。前文介绍的课堂教学是生态大课堂的核心部分，是学校工作的主要任务，其中的一些经验就是在创新教育实践中不断总结和摸索出来的；后文还将专门介绍郑州九中创新教育实践中有特色的社团组织。本节仅从宏观角度介绍九中创新实践的一些经验。“中教育”不是封闭、静止的教育理念，这正是创新教育的哲学基础，所以，我们并不期望我们的经验是放之四海而皆准的法则，只希望能够起到抛砖引玉的作用。

第一，创新实验室的建设和使用，全面满足了学生创新素质的培养。生化定量创新实验室、微生物创新实验室、数字探究创新实验室、数字星球创新实验室等各类创新实验室的建设，让学生在真实的实验环境中见到了在现实生活中根本不可能见到的现象和情景，激发了学生的好奇心和学习兴趣，并有机会大胆假设、小心求证，培养了学生的质疑能力和探索精神，进一步提升了学生的创新素养和创新精神。

例如，数字星球实验室为学生创设了直观、生动的学习情境，置身其中，感受到的是浓厚的地理氛围，于无形之中增加了学习地理的兴趣和热情。微生物创新实验室，从日常现象导出微生物与人类生产、生活的关系；以讲故事的方式引出微生物的发展史、关键人物及其贡献；采用形象的比喻与生动的语言列举大量的数据和典型的事例说明微生物的特性。这些实验室拉近了学生与现代科学发展的距离，使学生了解本学科发展的趋势、研究的热点及争论的问题……学生在教师富有感召力的教学中，深切感受到科学的道路并不是一帆风顺的，机会是给那些时刻准备着的人，从而对微生物学产生浓厚的学习兴趣，热切地希望跟随教师去探讨奥妙无穷的微生物世界。

第二，校本课程的开发与建设，激发了学生获取广阔知识的兴趣。当校园成为一种生活方式的时候，教育民主必然带来人格上的尊重。我们继续深化和丰富着“校本选修课”，基于“以学生的发展为本”的理念，关注学生全面、均衡、富有个性的发展。学校先后开设了几十门校本选修课程，包括“棋艺”“书法”“音乐与话剧”“厚重河南”“疾病与健康”“快乐成长心理课”“摄影技术与摄影赏析”“聚焦时政热点”等。选修课并非可有可无的摆设和随意安排的点缀，它是学校为学生精心准备的丰富多彩的“自助餐”。

新的课程体系实行国家课程、地方课程和校本课程三级管理模式。其中，提倡各校开展校本课程的开发，为创新教育提供了良好的机会。我们紧紧抓住校本课程开发的有利时机，基于学生的兴趣和需要，基于学校的实际，开辟了多个满足学生综合素质发展和个性发展的课程。

国外学生个性张扬，但国内师生在交往中存在着一种“不平等”的交往逻辑：一般情况下，学生和教师的交流并不多，而那些主动和教师交流的通常是一些犯了错误和成绩退步的学生；而在学生之间的交往中，也存在着把学业成绩放大为一个人全部的现象，“他学习好我就瞧得起他，他成绩不好，我便不愿和他说话”。今天的中学校园里，学生和教师的“有效沟通”仍然不足，学生成长过程中以片面注重升学成绩代替全面发展，彰显个性与融入团队之间存在冲突，师生、生生“不平等”的人际交往问题时有发生，个体的自然成长与在团队中协同成长的良性转换缺乏引导……我们还发现，让学生在团队组织中有效地提升“责任、规则、尊重、学习、理解、容忍”意识，提高“合作、思考、管理、创新”能力的探索和研究，既能对学生品格能力进行正确引导，又能为社团的持续发展提供动力。

于是，学校立足本土，汲取中华文明精华，紧紧围绕我校“精一执中”的学校精神和“修己达人，九德惠风”的学校校训，以“中”为核心价值目标，致力于中学生领导力培养和品格拓展。“以价值中立的方式，做出判断；以思想共生的思维方式，唤醒你我”，正是课程的价值追求。给学生一个起点，播下一粒种子，使意识得以萌芽。课程以共性唤醒、个性唤醒、灵性唤醒的方式，培养“品格与情绪调控”的领袖素养；课程既是学生社团工作实践结出的果实，也为校本课程体系注入了新的力量。借助“探中、寻中、致中”三个课程项目阶段，开发了《“精一执中”学生领袖潜力唤醒课程》，并于 2013 年 7 月，以此课程为基础，召开了“第一届亚太青年学生领袖大会”。大会以“梦的实现和领袖潜力唤醒”为主题，以“学生培训学生”为主要特点，来自 17 个国家和地区的 400 名师生在五天时间里以实践游戏、分组互动、专家对话、讨论总结的方式，培养起自我设计、自我完善、自我管理的能力和参与团队、服务团队、成全他人、达成团队共同目标的“领袖”能力。“第一届亚太青年学生领袖大会”圆满完成了九中人的一个梦想，用活动实践课程的方式表达了九中人对教育的价值理解和追求。

“精一执中”学生领袖潜力唤醒课程之共性唤醒课程

2015 年 2 月，“第二届亚太青年学生领袖大会”继续传承第一届大会中“交流、分享、进步”的精神，在郑州九中成功举办。大会以“变革、责任、引领”为主题，交流内容包括郑州九中“精一执中”学生领袖潜力唤醒、破冰与团队熔炼、自我认知、生涯规划以及微项目实践等。

没有课堂讲授，没有习题作业，全靠自觉自愿的行动，用梦想点燃梦想，用智慧启迪智慧，既是交流也是碰撞，只为孩子们共同的领袖梦。在为期三天的活动中，以培养学生团队配合、领导能力为主，学习项目运营的基本方法，激发个人潜能，共同探讨有效的沟通方法，规划未来，放飞梦想。此外，我们还融入专业的理论、实践课程和丰富有趣的体验式活动，通过突破自我的创新实践和别开生面的智慧分享，打造亚太青年学生领袖大会的升级版。亚太地区青年学生们再次体验了以领导力为核心理念的互动体验式交流活动，发掘自身潜能和优势，突破局限看到自己身上更多的“可能”。

美国青少年领导力开发创新专家凯瑟琳·科（Cathryn Berger Kaye）观看学生构建的“领导者”

在创新中实践，我们正是借助领袖潜力唤醒课程，积极培养“本土情怀、国际视野”的复合型人才。

“精一执中”的内核既是潜心向学的人文精神和创新精神，又是引领师生具有特立独行的批判精神，我们雕琢“基于课标”的课堂生态，打造独特的“中”文化生态校园，开启创新实践的品牌课程，追求个体创新性、独立性思维品质的生成，把对学生的关怀、人格的尊重、督学的严格融入多样的课堂生态之中，满足学生“好奇”“好学”“好动”等需求，孕育出师生间良好的情感状态，构建课堂之生态。“博士大讲堂”由家长志愿者带来的特色课程——“从国学谈不省心的青春”“自由读写，诗意生活”“长剑一杯酒，男儿方寸心”“智慧城市——计算机科技应用与生活”……场场爆满，深受热议好评。

我们开设的“博士大讲堂”校本课程，结合学校实际逐步实现常态化，并且有效地调动了学生家长的参与，更多地发挥家长委员会的作用，使之成为学生开阔视野、激发兴趣和张扬个性的重要阵地。

又如校本课程“军事科技中的高中物理常识”，以军事事实和典型武器为代表，化繁为简，通过建立物理模型等方法让学生理解并能找到高中物理理论与实际的结合，体验知识与应用的迁移和联系，让学生了解时代发展中各类兵器的基本物理原理，了解科技发展对人类进步的巨大推动作用，增强战争对人类危害的认识，通过科技进步体会科学家的探索奉献精神，通过我国国防科技的发展激发学生的爱国热情，增强辨析能力，提高科学素质。

为适应高中“体育与健康课程”改革，学校从2008年开始全面进入体育选项教学时代，大力引进了体育传统项目专任教师：国际足联校园足球讲师、河南建业队前队长苏斌，跆拳道五段、中国跆拳道国家一级裁判员赵虎，河南省原女排队员、全国优秀排球高级教练员王春芳……创新铸就非凡，体育选项教学“一飞冲天”：学校体育代表队在全国和省级赛事上不断演绎着精彩，更让众多的优秀体育学子，从九中走向了专业化的国际体育舞台。足球、太极、跆拳道，不仅让学生实现了想学什么就学什么的体育梦想，更改变着他们的人生轨迹。选项教学、模块教学、小班教学三管齐下，开创了学校体育选项教学新模式，这是对创新实验课程理念的深层解读与实践。

借助竞技体育，足球、排球、跆拳道、太极等特长生走向知名院校，其运动生涯得以延续……体育选项教学，正是为了给不同兴趣和爱好的学生提供更为多样化的选择，是对学生综合素养的尊重。在“走国际化办学之路，育国际化领袖人才”这一国际化办学思路之下，我们会把中国传统体育项目所蕴含的体育文化精神带上国际的舞台。随着“美国哈佛领导力课程及学生社团文化交流活动”不断走向深入，九中男子足球社团应亚洲青少年足球联盟的邀请，代表中国参加在马来西亚举办的“2014年婆罗洲国际足球锦标赛”，使我们在社团建设上更多了一份国际视野与情怀。

选修课贯彻和落实了新课程标准的精神和要求，它和必修课有一定的衔接又跳出了必修的范围。它以课堂学习为基础，引导学生走出课堂、走进生活，这就为学生提供了更加丰富的生活与语言环境，切实有效地拓展了学习视野，发展了个性，塑造了人格，为学生终生可持续发展奠定了坚实的基础。

第三，走进社会大课堂，鼓励学生发现、质疑和探索。我们想让学生创新，就要培养学生的创新意识，创新不是空想，所有的科技发明和科学上的重大发现都是在原有基础上对有缺陷部分进行的改进和完善。学校把学生创新能力的培养贯穿到日常的教育教学管理中，不断丰富培养学生创新能力的活动。

学生的学习不能囿于课堂，否则，我们培养的只能是有知识无能力的考试机器。尽管九中的课堂已经形成了着眼于社会与未来的“人本课堂”模式，但用现代教育理念武装起来的九中人并不满足，除了书本知识，我们更注重学生的心灵体验，更注重社会责任感的培养，一系列旨在感受体验培养意志、完善人格的人文活动，又成为九中这道风景中一抹耀眼的亮色。

学校除了安排学生参加郑州市教育局组织的社会实践外，还特意安排高一年级创新班学生参观省博物院、宇通公司、市科技馆、国麦中心、市地质博物馆等，安排高二年级创新班学生参观农大育种中心、参加北大文博考古夏令营等，安排高三创新班学生进行清华、北大等北京高校行。以提供多样化教育资源和自主选择为手段，以丰富多彩的实践活动为载体，以探究与体验为途径，开发潜能、发展个性、育德启智，成为我校学生实践创新的舞台、素质发展的沃土。通过多角度、多渠道地为学生提供研究型的社会实践活动，培养学生永不满足、追求卓越的学习态度，培养学生发现问题、提出问题、解决问题的能力，让学生以学习生活和社会生活中获得的各种课题或项目设计、作品的设计与制作等为基本的学习载体，获得丰富的体验和先进的科学文化知识，在自主提出问题和解决问题的全过程中，学习到科学的研究方法，以研究的学习方式开展研究，达到培养学生创新精神和实践能力的目的。这些活动使学生从校园走向社会，从知识本位走向人文素养，学生在参与中锻炼，在体验中成长。

创新教育的过程，不是受教育者消极被动地被塑造的过程，而是充分发挥其主体性、主动性，使教学过程成为受教育者不断认识、追求探索和完善自身的过程，也就是提升受教育者独立学习、大胆探索、勇于创新的过程。创新教育是人生存的需要，是教育自身存在的需要，这正是创新教育人类学基础的两大要义。

在实践中创新，并在创新中实践，有一点始终未变，那就是“生态大课堂”这一肥沃的土壤根基。一路走来，倾注时间和智慧，享受等待并用精神去经营我们的教育生活，也让我们更加坚信“种子的信仰”。我们的创新教育体现的正是发展性教育，依托点依然在课堂，旨在培养学生的人文素养、科学素质，提升合作意识、创新能力。目前，学校在创新教育的全面性、结构性、功能性和质量方面有了一定的革新，给中学的创新教育带来了新的变化。

第三节 蔚然惠风

“万物自生”，得于惠风。有生，是本我之态；蔚然，成于学校生活。

为什么会把社团单独拿出来说一说？因为在整个学校的活动主体上，学生的活动和生活是学校生活矛盾的另一方面，而且应该是矛盾的主要方面。但是，从“中教育”适中、平衡的理念上看，前文所讲的课型改革、科研兴校甚至校本课程的设置，虽然改善了现有教学以“教师教”为主体的不合理模式，然而“学生学”仍然处于较为从属的地位，学生的自主性还未能得到充分发挥。这是符合教学客观规律的，因为在求学的过程中，教师的引导、指导作用必须占主导地位，否则教学就会放任自流，必然不能达到学习传承的目的，也不会为开拓创新打好基础。“中教育”不是讲折中，不是绝对的平均主义，而是为实现人类教育发展的目的找到合适的方法和途径。教学改革不是取消教师的教学任务，而是要调动“教”和“学”两个方面的积极性，更好地实现教学目的，完成课堂这个学校的核心工作。

当然，我们也反复强调，教学不是学校活动的全部，传授已有的知识体系也不是中学教育的唯一工作。我们要保证在知识传输的过程中，综合培养学生应当具有的素质。完成这样的任务，社团显然是非常好的形式。因为社团的主要参与者是学生，教师降到了次要的、辅助的地位，学生的所有特质完整地显露出来，他们的热情、想象力、学习和生活中知识积累和运用能力都被调动了起来。

在学校里，我们特别强调“内心深处有一种要求的、本我的、可选择的”自主发展：以价值中立的方式做出判断，以思想共生的思维方式唤醒你我；给孩子一个机会，让他们去发现共生，与此同时推进更核心的价值观塑造，促进生活世界里的人可持续发展。这些恰恰是实践课程的价值与意义所在，是“本我”浸润其中的课程。这也很好地从实践层面诠释了“中教育”的内涵。

一、改善学校生活中的人际关系

“中教育”理念提到学校不仅是学习的地方，也是生活的地方，升学是一个目标，但不是唯一的追求，要改善已有的生活方式，尊重学生的成长规律和本我生态，让校园里的每一个人都有尊严、更加幸福。目前来看，社团显然是能够实现这个理念的较好的方法。从以往的教育模式看，学校里的两种人际关系——师生关系、生生关系，过于强调一个主题，那就是“分数”，通过分数联动了两种人际关系的互动。学生成绩的好坏决定了他在教师和同学心目中的地位，决定了他对自己在群体中的定位。这样，所有的关系都单一化了，所有的关系都被分数蒙蔽了，而分数掩盖了教育的太多其他问题。

然而，学生社团则完全是学生为了实现共同意愿和满足个人兴趣爱好的需求、自愿组成的、按照其章程开展活动的学生组织。各具特色的学生社团，既是教育实践的创新，也是建立新型人际关系的举措。在整个校园文化里，两种人际关系突破了“分数交往”的壁垒，把“分数交往”扩展为“特长交往”。因为，参加哪一个社团，不是按成绩排名的，而是学生根据自己的兴趣和特长选择的，在社团中更能展现而且提高其特长。通过社团活动，大家发现了彼此的优点，发现了一个完整的人都是有短处，也有长处的，大家应当彼此欣赏、相互尊重，这样才能共同发展。

每个人都以自己的兴趣爱好和某项特长参与到社团工作中，这起到了改变原有人际交往逻辑的作用。社团与社团之间的交往，不就是学生与学生之间的交流吗？当指导教师进入社团后，教师与学生也开始沟通了，这就产生了新的交往逻辑——每个人都能以自己的特长，自信地与别人进行交流、交往，并成为朋友。

学生社团为学生的全面发展提供了广阔的舞台。特别是校长助理团定期与我的座谈，已经成为彼此沟通交流的桥梁和纽带，成为促进师生关系和谐的润滑剂，为构建和谐校园发挥了极大的作用。富有特色的学生社团为构建新型人际关系，树立民主氛围，为人才的脱颖而出奠定了基础。所以，我们也应从学校管理者的角度，及时转变自己的理念。

校长助理团招募现场

作者与校长助理团学生在一起

二、本我生态的尊重

今天学校生活正悄然发生着变化，社会生活当中所需要的，学校生活当中也应该具有。“怎样让学校更像生活”，这是时代赋予校园的命题。研究须到现场，教育目标也须立足于教育实践本身，只有从现实生活实践中提取的东西才最有价值。

当学生作为一个特殊的群体，以独特的方式出现时，他们区别于教师以及其他群体。尊重学生的成长规律，尊重学生这个“本我生态”，以社团为抓手，以学生为本，发挥学生的主体性，成为“中教育”理念下“学生学”的核心要素。社团活动侧重学生“自主力、合作力、探究力”的开发，这已成为学校价值教育的一大特色，不仅满足了不同潜质学生的发展需要，而且为改革人才培养模式奠定了坚实的基础。

学生对“本我生态”的把握是要成为自己的主人，自己对自己负责，自己对团队和他人负责。一个人的自我领导力既体现在自我规划、自我管理、自我完善和实现上，也体现在在团队中的服从、合作与执行力等方面的意识和水平上。随着工业化、城市化和全球化的发展，社会的组织化、团队化程度会越来越高，学会自我管理、学会组织和管理团队，在团队中成长和发展，从一定意义上讲，是一个中学生人生长远发展的必备素养。

比如，我们开发的《“精一执中”学生领袖潜力唤醒课程》贯彻着“中教育”的精神，即一以贯之、精一执中。“中”就是包容、和谐，就是合理，探“中”、寻“中”，“刮垢磨光”以致教育之中。人的道德“存乎于心”“成于习惯”“见于行动”，《“精一执中”学生领袖潜力唤醒课程》正是为了让“修己达人”这一道德价值观推动人“九德惠风”的道德决定，有能力并有文化亲和力，具备领袖执行力。

“精一执中”学生领袖潜力唤醒课程

把“让在校园生活世界里的每一个人都有尊严”作为学生社团建设的指导思想，以活动为载体，充分发挥学生社团在提高学生综合素质中的主导作用，培养学生的创新精神和社会实践能力，这就为构建新型的人际关系，培育具备领袖气质、领袖精神的高端人才提供了生长土壤。

社团活动是为了让每个学生都能在校园里找到自己正确的位置，唤醒他们身上的领袖潜力。因兴趣走到一起，学生干部由学生选出，社团完全交由学生管理，从课程的开发到活动的实施，从常规的管理到社团品牌活动的设计与组织，都完全由学生自己做主，教师只负责提供服务。在社团干部的带领下，全体成员共同商定社团宗旨，给自己的社团有了很好的定位。如“π影社”，取“拍”的谐音，π是圆周率，代表摄影社的同学们对摄影艺术的追求无止境，更意味着同学们的进步是无穷尽的。再如“凡石剧社”，意为“茫茫人海中我们是平凡的一个，让我们这些平凡的‘小石头’在剧社里，通过话剧体会生活的别样，体会心灵的感动”。

每次社团招募，社团的展台前都有各具特色的宣传版面，这都是学生搜罗学校用过的废旧物品，自己动手制作的。这既培养了学生勤俭节约的意识和实践创新的能力，也引导学生高效利用活动经费，提高经费管理能力。同样，毕业季跳蚤市场，使毕业生理性离校教育变得人情味儿十足，友谊和爱心在活动中不断蔓延。

这个中学里的常规做法，在我看来却有着“改变原有人际交往逻辑”的作用，当社团与社团之间交往时，正是学生与学生之间的交流。当指导教师进入社团后，教师与学生也开始沟通了，而这样就产生了另一种交往逻辑——“一个人，用自己的特长，并带着一份自信和你交流、和你交往、和你沟通、和你成为朋友”。分数的极致化运用导致的长远的、深刻的社会问题更发人深思，所以，我们以学生社团的方式变分数交往为特长交往。当然，我们也借助于这样的改革，改善人际关系，改善生活，进而改变学校生态。我们尽可能地提供“多样性”，让学生做出“选择”，也让更多的学生投入到学习中来。

“春秋重人，生尊于天下”，在我们看来，社团是有思想的组织。社团活动的主体是学生，我们的责任是引导；遵循“给学生更多平台，给更多学生平台”这一实践思考，我们探索怎么做才能体现“以人为本”，让孩子们选择更适合自己的岗位去锻炼；我们创设高品质的社团活动，努力让更多教育意义浸润到活动当中，这“一拳一腿”都是为了尊重学生的个体体验和“本我”生态。

目前，九中校长助理团给学校生态带来种种变化，组织策划了一次又一次的活动。“九中微助，助力生命”的公众平台，“校园辩论赛”“手绘学校地图”“学长团招募”“我和校长去春游”“毕业季歌友会”等特色活动，创意无限，令人鼓舞，学生以自己的方式影响着学校生活的真实变革。

三、学校的生活意义

学校不仅是学习的地方，更是生活的地方。在学校里为学生创造积极的生活方式，用健康向上的主流文化占领校园、影响学生，要让每个生活在校园里的人都更加有尊严，社团无疑是很好的方式。

鼓励社团发展，展现本我生态，并不是说学校和教育者完全处于被动的状态，听之任之，放任自流，而是说学校和教育工作者要掌握社团发展中的平衡关系，需要明确的是，地位虽然从属了，但作用还需主动发挥，要适时地介入。毕竟中学生还处在人生发展渐趋成熟的阶段，需要成年人或整个教育体系给予指导和帮助。正是基于这样的认识，为了更好地鼓励社团的发展，2013 年 7 月，郑州九中把政教处更名为学生发展处，定位于“学生”和“发展”两大主题。这既体现了学生参与学校管理又着重强调对学生发展等问题的顾念，更是站在现代学校发展的角度，给予学生发展的现代性思考和总结。

在学生社团建设的实践中，我们面对品格教育的主要问题是：学生自我中心意识过强带来的自以为是、唯我独尊，理想信仰意识淡漠带来的对传统价值观的怀疑，角色责任意识缺失带来的对发展规划的模糊，功利速成利己安逸等负面信息带给学生的价值迷乱。

因此，让学生在社团组织中有效地提升“责任、规则、尊重、学习、理解、容忍”意识，提高“合作、思考、管理、创新”能力，对其进行不断的探索研究，让社团的发展有持续的动力和后劲儿，显然是社团教育实践成功的关键。比如我们发现，在影响社团管理与发展的诸多因素中，提升社团骨干的自身品格素养和领导力水平至关重要，对于社团能否健康、持续、充满活力地发展具有决定性的影响。这些问题不可能让正在成长中的中学生去完成，只能成为学校和教育工作者必须研究的课题和必须解决的问题。

在丰富的社团活动中，要让学生体验做事的快乐，感受到付出的尊严，也能理解服务团队、成全他人的意义，在尝试与修正、坚持与退让、成功与失败的过程中感受正义、规则、秩序的理念，学校就要主动参与、适时帮助。比如我们坚持一周一评议，一月一策划，一学期一表彰，帮助社团完善活动章程，与学生一起商讨社团活动，不断激发学生的领导潜能，让学生实现本我生态和社会大生态的融合。我们借助《“精一执中”学生领袖潜力唤醒课程》，让学生认识到“领袖”的意义在于“修己达人”，“领袖潜力”的定位是自我管理与实现，支持成全他人，领袖不是特权而是责任，领袖的职责是服务。

学生社团是开展素质教育、创新教育和思想品格教育的第二课堂，是促进学生个性发展、激发学生创新精神的重要舞台，是学生实现自我教育、自我管理和自我服务的有效途径。我校把“让在校园生活世界里的每一个人都有尊严”作为学生社团建设的指导思想，2010 年 4 月 6 日，在通过下发调查问卷、举行座谈会等方式深入了解学生意向的基础上，学校举行社团启动仪式，批准成立了校长助理团、畅扬心空心理社、篮球联盟、Sky 动漫公社、棋艺社等近 20 个社团。

社团启动仪式后，各社团迅速投入活动。也许最初学生们只是为了一个共同的兴趣、爱好而走在一起，但随着活动的开展，他们发现品尝艰辛与享受喜悦、自我锤炼与自我成就是如此不可分割地融合在一起，郑州九中的学校生活因社团活动也变得更加新鲜而生动，对学生的评价也不再只有成绩，当学生们都在以自己的特长和别人对话时，师生间的交往方式也变得更加多元。

学校特色学生社团的存在，既是体制的创新，也是教育实践的创新。以活动为载体，充分发挥学生社团在提高学生综合素质中的主导作用，培养学生的创新精神和社会实践能力。毫无疑问，特色学生社团创新性实践，为构建新型的师生关系营造了民主氛围，为人才的脱颖而出奠定了基础。社团不仅给学生提供了一个展示自我的舞台，更让他们体会到了团队的活力和校园生活的多彩，最重要的是那些付出的情感与收获的幸福。

学生正从教室这个文化圈不断走向我们构建的“生态大课堂”—— 博士大讲堂、美美的读书生活、校本选修课程、“学生领袖潜力唤醒”实践课程、社团课程、跑步人生，等等。这些在学校文化之间的一次次穿越，不一定会解决分数问题，但作为一种生活，社会化过程当中的纠结体验、学习与成长，必然会帮助一个“自然人”更趋向于“社会人”，也正是在文化的穿越中，我们的教育变革得以发生。

“各美其美，美人之美，美美与共，天下大同”，在这个被称作学校的地方，我们尊重差异，欣赏差异之美；我们理解个性，让彼此和睦相处；我们呵护教育生态的多样性，在孩子们的世界里存在着，和他们一起，美美地生长……我们的教育生活也更加丰富多彩，更加充满快乐、生机和活力。

总起来讲，我们把整个学校生活置于生态大课堂的环境中，用创新的思维和方法，使生活在这里的每个人都能自由地发展，使更多的人去理解和思考学校生活的价值和意义，实现本我生态的良好提升。为了实现这样的生态环境，我们用“中教育”的理念加以指导，简单地说就是“恰到好处”，它不是不偏不倚走中间路线，也不是折中，它是一个很丰富深奥的思想体系。新课程的教育理念是建立在世界教育形势和我国受教育者群体特点的基础之上的，是对传统教育的裂变式突破，是对人本教育的回归。“中”的含义更多，我们理解的“中”是道，是状态，是生态，是支点，是和谐，是协调平衡，是最佳的发展态势，它既针对个人，更旨在团队整体。

一片自然风景恰是一种心灵的境界，我们的教育生态正发生着深刻的变化，我们的思想开始抽枝发芽。

第五章

养中

责之间，韵之和

题解：许慎在《说文解字》里对“教化”做了明确的解释：“即上行下效，谓之‘教’；‘化’，则指‘教行也’，从‘人’与‘匕’，变也。”正是基于对这种“引导式变革”的认识，我们开始了远航。我们用“中”的思想来引领学校发展，重塑九中传统的学习情境，以“分课型构建教学模式”的课型教学研究方式回归传统，在回归教育原点的同时，将学生和教师放在正确的位置上。

做教育没有那么简单，它需要一种特殊的情怀，这些年来我一直在反思教学、课堂、校园。看着一批批学生走出校园，我更加感到不安，感到自己身上肩负着无比重的担子。学生拿到毕业证，拿到了录取通知书，是不是就意味着可以宣告我们的教育任务顺利完成？升学率的提高是不是代表着我们的中学教育在不断取得进步？教育被称为“太阳底下最光辉的事业”，教师是“辛勤的园丁”，那为什么我们的事业会屡遭诟病？我想这正是因为人们对教育事业抱有极大的期望，也是我们教育工作者需要反思和提升的空间。

养中馆

作为一线的教育工作者，更接近教学故事发生的现场，更能听到真实的声音、看到真实的场景、感受到真实的情感，所以，以研究者的身份进入学校，立足于教育实践本身最真实的实践层面——课堂，以“价值中立”的方式，感受中学课堂，推进理论反思，我们更有优势，更有改变的迫切性。“中教育”这个理念就是在郑州九中这个教学现场被提出，并且被逐步完善起来的，也许不具备普遍性，但也可能对中学教育有某些启发，或者能引起同人们的思考。

第一节 扪心问中

“多言数穷，不如守中。”当个体以“扪心”的方式自我追问之时，其悲、其喜、其伤、其乐……凡此种种，在我看来，都是“至大无外”的成长。

“中教育”的重点落在“中”字上，当然这里有很多巧合，比如我们所处的河南省是中原大地，河南人对“中”有特殊的感情，等等，但根本上还是在承接传统文化的熏陶下，对“中”有更深刻、更理性的认识后，希望能传递一个于学生、于教育、于社会有益的教育理念。

一、“中教育”思考的背景

“中教育”的理念是经过实践摸索，总结提炼，再实践检验，理论提升，是在曲折中得来的，并为郑州九中的全体同人认可、接受和实践的。

为筑牢“中教育”之根基，我们在班子文化建设上，丰富了“责任意识、规则意识、尊重意识（理解意识、容忍意识）、学习意识”的内涵，要求全体干部注重“感悟、内化和外显”的精神品质，培养“聆听、观察和质疑”的教育智慧，践行“自省、思变和求本”的教育实践。建立学科中心主任、年级主任、各处室主任干部考核机制，接受广大教师的监督和评价。“学校有管理”，就是要求我们的工作标准不可降低，对待责任要“敬畏”，牢记政治，外显素质，有了政治业务素质，也就有了教育才气。新的班子文化以民主、和谐的方式奠定了学校发展的坚实根基。

教育学是研究教育现象和教育问题，从而揭示教育规律的一门社会科学，教育工作是社会工作的一部分。教育是社会实践的一部分，它不能脱离社会，教育学虽然是独立的学科，但也是在人类社会实践的基础上产生和完善的。反过来，教育学也像其他学科一样，为社会实践服务。教育在社会实践的基础上产生，又反作用于社会实践，这就是“中教育”理念的大背景。“中教育”所讲求的适中、平衡发展的教育观念，首先就是在社会实践和教育实践中找到平衡。当然，理论可以高于实践，但也必须是在实践基础上的拔高，而落实理想的教育理论，更需要社会实践提供必要的基础。

应试教育现在成为众矢之的，但从应试教育的产生到被质疑的各个阶段都是跟社会发展紧密联系的。基于这样的认识，“中教育”认为应充分肯定应试教育的成绩和为社会发展做出的贡献，也要敏锐地洞察应试教育的弊端，适时地校正应试教育存在的问题，随着社会实践出现重大转机，能从根本上代替应试教育模式，但还需要保留现有体制中的合理因素。在改革开放初期，国家急需各领域的高级专业人才，政策自然为这些高级专业人才提供较好的工作条件和生活待遇。一时间，考大学成为改变命运的唯一出路，甚至成为改变整个家庭命运的唯一出路，而社会又无法提供足够的大学教育资源，千军万马过独木桥的状况必然让中学的全部精力放在考试上。此时的中学，不仅要完成教育主管部门的任务，而且寄托着无数家庭的期望，这就是社会实践，如果哪一个学校在这样的社会背景下置成绩于不顾，不在提高升学率上多动脑筋、想办法，恐怕自身也很难发展。

然而，当社会发展到今天，随着社会资源的丰富，不仅大学的数量得到了迅速的增长，而且成才的途径和标准也更加多元，特别是进入大数据、大信息时代后，社会对人才的需求更加多元。显然，教学手段刻板、评价体系单一的应试教育已不能满足这样的要求，必然遭到来自各方面的质疑。近年来，社会对教育界铺天盖地的声讨和指责，正是社会发展的必然结果，也是催促教育发展的内在动力。

所以，我们提出“中教育”理念，就是要求正确面对历史、正确面对现实、正确把握未来。充分肯定历史过程中的合理因素，在现实发展中及时调整自己的想法和做法，主动把握教育规律，适应社会发展的需求，不断推进教育改革，反作用于社会实践。这就是教育工作者的担当、理想和信念。

二、何谓“中教育”

“中教育”是从哲学层面提出的教育理念，希望通过哲学层面的思考指导我们在教育中的具体做法。具体说来，我们把“中教育”的核心理念归纳为“精一执中”和“修己达人，九德惠风”。“精一”强调聚人之精神于一，唯精才能诚，才能认识天地万物，才能无私无畏，探索真理，继而发现真理。要达到“精一”，就必须做到天人合一、人我合一与知行合一。“执中”要求以“精一”为基础去寻中、问中，把握事物运动、变化、发展的各种联系，遵循规律，追求真理。

“精一执中”始于“修己”，任何德行的养成、学问的获得、真理的探索、事业的成功都源于“修己”，而旨在“达人”。“九德惠风”是对德的最高境界的表述，“九德”是对“修己”的具体要求。学校精神立足中原大地，立足天地之“中”、时间之“中”，去寻求教育之“中”。

执行“一”之标准，行于“中”之内涵，通过对学校独一无二的地理和文化进行研究，打造出一套独特的“中”文化识别系统，准确体现“中”的教育思想，学校生活世界为此也悄然发生了变化。

只有“精一”，我们才能沉下心来认识社会、认识教育，把握教育实践的方向，才能得到“中”。随着生产力的发展和社会资源的丰富，选择的多样性、多元性成为可能，相应地，对教育的要求也在提高，教育工作者应当感觉到这些变化，去寻找适应这些变化的“中”。

我们提出的“学校不仅是学习的地方，也是生活的地方”，正是“中教育”理念对当下教育思考的结果。学校是学习的地方，是对应试教育合理部分的肯定，不是要扳倒应试教育。因为教育是在继承和扬弃中不断发展的，现有的发展是对前一阶段模式的取舍中得来的，完全否定前一阶段，希望彻底否定而带来彻底重生是不切实际的。所谓“适中”，就是不去非左即右、非此即彼。分数本身没有错，分数要解决学生的升学问题，也代表了学生的主要学习能力。拼分数是必要的，但千万不要扳倒一个再竖起一个。剪子用来剪纸是好东西，可如果是用来伤人呢？剪子本身没有罪，只是看如何使用。同样，分数本身没有错，但是拿分数衡量一切、代替一切，就有问题了，人出了问题却批评分数是不对的。

我们提出学校也是生活的地方，就是还原学校各个主体的本我生态，因为现实的社会实践为这种回归提供了基础。回归本我生态要做加法，除了分数以外，加上素质、情感、态度、价值观。在追求分数的同时，让孩子们调试了心态，分数反而更高了。通过我们的教育，让每个学生感受到社会发展带来的福祉，让人回归自由，在社会发展中实现其需要，发挥其能力，表现其个性。陶行知先生曾经提到过人应当是社会的人的理念，那么我们的教育首先应当是社会的教育，教育当然不是被动地接受现实，而是主动地分析现实、把握现实，运用现实条件拉动现实发展。这样，我们教育出的人才是本来面貌的人，才是对社会有益、自利利人的人。

三、"中教育"的实现

为了让人们深刻理解"中教育"的理念，我们打造了三个系统，即理念识别系统、环境识别系统和行为识别系统。三个识别系统互为表里、相互印证，让"中教育"从理论走向实践，从实践形成习惯。根据我们的经验，这是一套行之有效的具体措施，也可为其他工作提供借鉴，因为它基本涵盖了从理念提出到理念落实的全部过程。

理念识别系统就是把道理讲透，同时要深入浅出。对于教育实践者来说，重在落实，难在被人们接受。我们在实践中感到"中"的概念能够形象生动地统领我们教育的思想和方法，所以不但自己下功夫研究"中"，去寻中，还遍访名士高人，去问中，让"中"的体系更加完备，让人们信服。与此同时，我们尽量使用接地气的语言，让人们能准确、清晰地把握"中"的内涵，请专家学者娓娓而谈"中"的博大精深，以求形成人们共同的意识，打造共同的话语平台。

环境识别系统就是我们注意到人的审美有教育、感化、约束和导向的功能，以美的环境把人带到哲学意境，伸手可及、触目可见的不是肤浅的美化，而是有思想内容、有教化精神的优美境界。人们在这里不仅释放了疲劳，而且潜移默化、不由自主地沐浴文化的浸润。大家乐在其中、学在其中、提升在其中。郑州九中以惠中廊、正中园、德苑等校园文化景观为代表的学校园林景观落成，学校建筑群更加突出文化生活主题，彰显文化校园“书香、古典、园林、中原”特色，青春校园正传递着“中教育”的气息，传递着“中”的文化与思想。

行为识别系统具体落实“中教育”的观念，通过一系列行之有效的措施，使“中教育”不是悬在空中，而是落在实处。“中教育”的理念可以说为我们打开了新的思路，让人们能大胆假设、大胆实践、小心求证，问中、寻中、求中、得中、执中就是对行为识别系统的准确概括。我们创造性地开发出许多概念，比如生态大课堂、领袖唤醒等，也大胆实践了许多行为，比如科研兴校、多彩社团等。成功的经验增加了大家实践“中教育”的信心。

第二节 至诚思中

静坐沉醉在大美之中，感受“本我”的成长，领悟超越本我之命，才、学与识，将无同而同。

生态大课堂是“中教育”的下位概念，是为实现“中教育”而对当下教育进行的思考和实践。准确地说，“中教育”不是给教育下了一个定义，而是为教育提供了一种思考的路径。“中教育”强调的“中道”，就是适中、平衡，有所为有所不为，无过亦无不及。“中教育”要考虑教育的本质，也注意社会的现实，思考并创造条件实现教育的一般性任务，也注重社会整体与教育的内在联系。学校是相对独立的场所，但也不可能完全置身事外，有教育内在的规律需要遵循，也要充分关注现实的变革，所以，“中教育”要求拿捏好变与不变的弹性，客观评价教育成果。

生态大课堂是“中教育”对当下中学教育思考的结果，实质上，生态大课堂是对整个校园生活的概括，涵盖了学习和生活两个方面。为了实现生态大课堂所要求的各项指标，我们把创新教育放在突出的位置，通过创新教育实践，让生态成为可能。生态大课堂是借助了生物学和环境学上的一个概念，因为它能更形象地展现我们希望实现的教育成果。

学校就好比一方池塘，每个生命在这里各取所需、相互关照、共同融合，构成生机盎然的池塘世界。“我不相信，没有种子，植物也能发芽，我心中有对种子的信仰：给我一片土壤我一定能茁壮成长！”正如梭罗所言，种子极其需要适合其生长的土壤。

在生生不息的世界里，事物之间要相互交谈、回应，形成复杂的对话与生态体系，每粒种子都能在特定的“土壤”中重生。教育生活中教师和学生成长之“本我生态”的形成，同样需要适合其成长之土壤。学校生活世界这一“土壤”生态是否具有创造性、人性关怀、批判精神；是否平等、尊重、多元、可选择；是否顺从人的天性，关注细节，重视教育话语下的“弱势群体”，这些问题正被郑州九中“生态大课堂”之价值追求所强力叩问。

生命体都能形成独特的“本我生态”。人们常常用“生态”来定义许多美好的事物，如绿色的、健康的、美的、和谐的等事物。“生态学”被赋予了整体相关、动态平衡、可持续发展等概念。也正是基于对“人”的哲学考量与追问，我们构建了生态大课堂。

生态大课堂运用生态学原理与方法研究课堂教学现象及其规律，它将课堂教学及其生态环境相联系，并以其相互关系及其机理为研究对象，采用生态学的方法来剖析课堂教学的内外系统，从而分析课堂教学生态功能并揭示生态教学的基本规律，是课堂教学和生态学相互渗透的结果。

生态大课堂把学生、教师、学习内容、学习方法、学习评价和学习环境看成一个教学的生态系统，并以此来建立一种整体的、多样的、和谐的、可持续发展的课堂形式，是一种符合学生生理特征和学习生活习性的课堂形态。这样的生态系统是作为一个实践活动整体的、师生交互作用的动态系统，即让教师和学生的生命实体在良好的条件下自然、和谐、自由地生长。

郑州九中生态大课堂致力于构建一个文化、心理、行为和谐共生的生态环境，坚信“种子”的信仰，以“尊重、唤醒、激励生命”为核心理念，用联系、互动、发展的观点来重新审视教学情境中的师生关系，注重教师素养、学生特质、教学内容、教学环境的协调共生。

在教学过程中，我们将诸如“协同合作”“伙伴关系”“相互依存”“生命性”“共生性”“民主性”“对话性”“创造性”“多样性”“开放性”“整体性”等教育生态意识观念贯穿其间，通过优化课堂生态环境，培养学生的创造力与感悟能力，使师生成为合作的探索者、平等的对话者、创新的学习者。

本我生态是强调为实现生态平衡、生态健康，每一个主体所应呈现的生活状态。所以，要准确理解生态大课堂还需要形成几点共识。

一、实现本我生态

本我生态是指每一个参与中学教育的人所应有的生存状

态。在中学校园里，中学教育的主体有两个，即教师和学生。实现本我生态的健康发展，也就是关注教师和学生的健康发展。

那么，我们首先要问的是学生的本我生态是什么，也就是我们的教育要培养什么样的人。我们认为，本我生态下的人应该有三个层次：

第一，健康的人。所谓健康的人不是指体魄健全，而是强调心理健全、智力发达、有较高的修养和审美情趣。体魄健全当然是大家所希望的，但有很多人遗憾地不能得到，可是这并不妨碍其本我生态的健康发展。所以，我们说本我生态培养健康的人，更多强调的是社会概念之下的人，也就是说，本我生态是指在接受教育后，处于高级状态下的人。这样的人能够正确地认识自我，认识所处的生活环境，树立正确的评价标准，有强烈的求知欲，具有独立精神而又善于学习，拥有崇尚理性、价值多元、尊重实践的科学精神但不失人文情怀的文化素养。培养这种健康的人，是生态大课堂的重要任务。

第二，有差异的人。生态是一个丰富多彩的环境，有参天大树，也有绿绿的小草，有展翅翱翔的雄鹰，也有歌声美妙的黄鹂。我们要承认，生态的环境是有差异的个体组成的美丽世界，所以，我们不能用单一的方法、同样的标杆去做教育，而是要充分考虑个体的差异，因势利导，培养学生的自信、自由和独立精神。我们打破学校通过“分数交往”而构建的人际关系，主张“特长交往”的人际关系，正是基于这样的考虑。当人们都认识到有差异是正常的，人人都有特长的时候，人与人的关系就表现得良好和友善，本我的生态才能尽情地绽放。

第三，社会的人。叶圣陶先生说：“受教育的意义和目的是做人，做社会的够格的成员，做国家的够格的公民。”生态是一个普遍联系的系统，单个个体的健康成长要紧密地与大环境相适应，要注重和其他生态个体的广泛联系，极端强调个体和个性，不仅不利于整个生态环境的和谐，而且也会导致本我生态的孤立和无助。我们在社团建设和开发《“精一执中”学生领袖潜力唤醒课程》中发现，有很多同学个体能力很强，知识储备也较多，自我表现力很强，但很难形成领导力，既无法领导他人，也不能和他人共同完成任务。所以，本我的生态还要教会我们的学生具备履行公民权利和义务的素质，有担当意识和负责任的能力，有融入社会的本事。

当今时代风云变幻，信息多元，竞争日趋激烈。青年是国家和民族的未来和希望，在一个国际化的世界里，视野的国际化是必需的，所以青年人的眼光要再深沉些，要更理性地辨析和甄别。当然，有了好眼光，还需要行动，要学会用与别人不一样的角度去看待事物，要在生活世界里寻得趣味，更要具有一定的反思批判精神去判定未来。“认识你自己”“影响这世界”，我们课程的意义指向让两者兼具。

领导力的培养是指向未来的，是为个人也是为他人内心与生命的成长；领导不是一种职务，而是一种承担和奉献，领导力的产生来自团队合作，功成不在我，乐于为他人喝彩；在这个过程中，责任是由内而外，从小我走向大我的自觉承担；成功不是个人的事情，只同自己的成长有关，是一种本我的修炼，更是内心的丰满与健全，在我们看来，“被领导也是领导力的重要组成部分”。

“我们追求探索的尽头，是要达到我们原始的开头”：以价值中立的方式做出判断，以思想共生的思维方式唤醒你我，与此同时推进更核心的价值观塑造，促进生活世界里的人可持续发展，这些恰恰是领袖潜力唤醒课程的价值与意义所在。在世界大同、地球一村的趋势中，我们真诚地期待每一个青年都能够除躁气，求心静，用朝气战胜暮气，用活力冲破阻力，“正像一只白鸽，浮泛于崩涯浪涛间，最能感应到其中的怒潮，但却能翩然地舒展如雷的双翼，浑浊不沾”。

“中教育”讲究平衡，要让学生的本我生态得到张扬，那么，教师的本我生态也应该是健康发展的。我们所进行的一系列创新实践教育，也是为教师本我生态的成长而做的。教师通过科研兴校的锻炼，逐步把学生参与和评价作为自己教学成果的重要考量指标，通过与学生一起开展社团活动，认识到学生除了分数之外，还有各种自己想不到的特长，每一个人都有值得尊重的理由。教师通过生态大课堂的实践，认识到教师只是个职业，并不代表居高临下的地位，自己也有需要提高和改正的地方。比如，郑州九中的校长助理团就让许多教师包括我本人感到自身发展的不足，我们把政教处改名为学生发展处，正是因为意识到了教师本我生态发展的重要性。

基于生态大课堂建设的实践和思考，中文化、中教育，生态大课堂，分课型构建教学模式，课型研究、校本研究，创新教育，学生社团、学生发展，品格拓展、领袖潜力唤醒课程、博士进课堂、博士大讲堂等已经成为我们教学及学校变革的核心词汇和真实行动。

二、生态大课堂的建设

学校是学习的地方，也是生活的地方，学习和生活其实也就是生态大课堂的两个主要阵地。为了使两个阵地能够保持良好的状态，我们提出用创新教育来打造生态环境的概念。创新教育就是学校定位于由以传授知识为主的观念向以培养能力为主的观念转化；由“大一统”的人才培养模式向灵活多变的人才培养模式转化；由单纯“以分取人”的考试制度向“以创造能力取人”的全面考核制度转化；由“满堂灌”的教学方法向“启发式”的教学方法转化。

具体来说，在教学方面大兴科研兴校之风，强调以学生发展为本，特别重视学生是一个个具有思想、意识、情感以及各种能力的活生生的个体的课堂；通过更优化的课堂教学设计和高效的课堂教学活动，使每个学生的潜能都得到有效的开发，获得最有效的发展，实现教学与学生发展相互统一的课堂模式。我们的生态教学观，明确提出两点主张：改变课程与教学组织方法，改变课程与教学实施环境。把教学的生态大课堂建立在“分课型构建教学模式”的基础之上，尊重多元价值观并存的事实，一切教育活动都是为了有利于教育生态的营造，为了满足生长的需要，为了促进师生主动、和谐、可持续的发展。

我们建立的“校长工作室”“博士工作室”“名师工作室”“名班主任工作室”“河南省博士后研发基地”，就是为我们研究提供智力支持，教授、博士、专家组走进课堂，建立教师自评、学生共同参与的评价体系，使教师从多种渠道获得教学信息，关注多元课堂教学模式，关注“教师教”，关注创新的课堂与课程，生成教学之课堂生态，以学术标准与实践标准推进课型研究。

在学校生活方面，生态大课堂更加重要。建设生态校园，实现与社会大生态的融合是生态大课堂最本质的内容。在注重“教师教”的同时，依据学生本我生态的理念，强调主动积极、尊重个性的“学生学”成为学校生活的重要内容。我曾经无数次追问过“什么样的学校是学生喜欢的”？学生对我们今天尽力打造的这个被称作学校的地方是否满意？“生态大课堂”这一教育方式、方法的选择，既是对教育价值本质的继续追问，也是大学精神本质特征在中学之思考和实践。大学之“大”，在于对人的智慧的浸润、思想的涵养，在于精神的独立、学术的自由。大学的魅力，正在于一种精神，在于一种感召青年人去“把握人生方向，涉猎知识，锤炼品格，打量社会，学会选择”的力量。秉承这样的精神，让哲学与文化引领学校生活世界真实变革的同时，被大学精神雕琢的学校生活世界，也向着“最大学的中学”坚实迈进。

“学生学”分为两个层面，一个层面依然是以学校为主导的，带动学生进入更广阔的学习环境，开拓学生的视野，增强学生对学习的热情，培养学生的求知欲望。比如我们开发的学科延伸类、体育处方类、社会实践和社区服务类、专题讲座、研究性学习、创新课等各类校本选修课；发起创立的生化定量创新实验室、微生物创新实验室、数字探究创新实验室等带有深厚学术氛围的实验室和实验基地；我们带领学生到科研院所、大学名校、各类社会机构和单位近距离接触社会的方方面面。以学校为主导的课程，主要是从兴趣出发，有意识地拓展学生的学习空间，融入社会生态的角度进行的，这是学校的职责和担当。

“学生学”的另一个层面是强调学生的主体地位，学校和教师降到从属地位，突出了教师服务和帮助的角色。我们把这个层面的任务交给社团来做，这些社团不能摆样子，而是要让同学们自主地选择，根据自己的特长和爱好去组建，从而使同学们能够自觉地发现问题、解决问题，最终获得发展。把学生社团作为学生实现自我教育、自我管理和自我服务的有效途径，从社团开发到活动的实施，从常规的管理到社团品牌活动的设计与组织，都完全由学生自己做主，教师只负责提供服务。这一层面学校也不是无所作为，而是要致力于社团活动的课程化，侧重于学生自主力、合作力和探究力的开发和引导。比如，我们研发的《“精一执中”学生领袖潜力唤醒课程》就是把社团活动课程化、规范化、科学化的成果。该课程把项目学习作为基本组织形式，以实践游戏、分组互动、讨论总结为主要方式，以学生培训学生为主要特点，让学生将自己放在正确的位置上，使其具备“自我实现与管理，成全支持他人”的素养，达到“价值中立，思想共生”的培养目标。

学校提供的不仅仅是读书的机会，也是个体融入社会的过程体验。学校与社会绝缘、教育与生活绝缘，这在学理上就说不通。所以，我常常说“学校是学习的地方，也是生活的地方”。这个被称作学校的地方所重视的正是师生之本我生态的锻造，关注的也正是学校生活世界里的人。

“生态大课堂”视域下的师生正用自己的脚走路，用自己的手创造，更大胆地说出自己的思想。直指教育价值本质的生态大课堂也正在激发学生的求知欲望，这种求知欲在每天都爆满的图书馆中体现，在因座席不够而坐在地上听“博士大讲堂”的学子身上体现，在三尺讲台上的自由表达中体现，在每一个九中人洋溢着的自信与朝气中体现。

生态大课堂视域下的学校生活世界也正悄然发生着变

革：社团招新时的“百团大战”，校园辩论赛之激烈争鸣，毕业季歌友会、跳蚤市场，学生各类团体自发自觉的爱心、志愿行动，学代会参政议政、管理校园之热情，“德苑”“惠中廊”“听雨轩”聚集着歌者、击者、论者、辩者、议者，洋溢着豪气、朝气、正气、才气……我们的生态大课堂正在关注学校里的每一个人，也正在努力使学校生活世界里的每一个人都能健康、快乐、有尊严，都能更加幸福。

听雨轩

第三节　切切实中

“人法地，地法天，天法道，道法自然”，“吾不知其名，字之曰道，强之曰大”。“大道”坦坦，人之养，中而用之，是为“中教育”，或曰“中之教”。

努力把学生放在正确的位置上，让学生无愧于卓越。今天的学校生活世界正悄然发生着变化。学校生活的改变，也就意味着自我生活的改变，社会生活当中所需要的，学校生活当中也应该有。如何突出学校作为生活场所的重要性，是一个值得思考的问题。

变化是不可改变的，大数据时代，学校变革也是必然。我们无法逃避信息时代，所以我们不仅要掌握新的学习工具，而且要教会学生处理海量信息的能力，教给学生全球化时代交流的新方式，教给学生在大数据时代学会学习并懂得如何选择。不要在学生的世界里疯狂开采，而是要有教育智慧，做有灵魂的教育。

“教育务本，本立而道生”作为学校文化核心指向的精神文化，是探寻教育之“中”的灵魂所在，能为学生提供最全面、最长久的教育影响力。学校应该成为文化校园，要让哲学与文化引领学校生活世界的真正变革。而以“走国际化办学之路，育国际化领袖人才”为核心的办学理念和学生培养方式，更是以独特、创新的方式促进学生的成长。以活动为载体，充分发挥学生社团在提高学生综合素质中的主导作用，培养学生的创新精神和社会实践能力，这就为构建新型的人际关系，培养具备领袖气质、领袖精神的高端人才创造了民主氛围。

一以贯之，精一执中。“中”即为合理，探“中”、寻“中”，“刮垢磨光”以致教育之中。亚里士多德认为人的道德“存乎于心”“成于习惯”“见于行动”，《“精一执中”学生领袖潜力唤醒课程》正是为了让“修己达人”这一道德价值观（心 = 脑 = 道德价值观），推动“九德惠风”的道德决定（智 = 脑 = 道德决定），有能力并有文化亲和力，具备领袖执行力，以共性唤醒、个性唤醒、灵性唤醒的方式，实现“品格与情绪调控”的领袖素养，致“天、地、人、中”。学校要有冲击的力量、内燃的动力，我们正在不断致力于学生领导力的开发，以学术自觉引领学校的发展。

我始终坚守着，以价值中立的方式，做出判断。

思想的创生，是一种精神的历险，需要胆识，需要勇气，更需要来自团队的力量。对所研究事物的背景要有一定的了解，在观察中要保持客观、实事求是的态度，不带偏见。要善于分析研究结果，分清表象和实质，不要被假象迷惑。要具备高度的注意力、忍耐力和认真吃苦的精神。

我也始终坚守着，以思想共生的思维方式，唤醒你我。

对局部和整体都要给予同等价值，认识到来自团队的力量。把内部环境外部化和把外部环境内部化，排除内外之间、自然与内心之间的双重约束，促使内部与外部相互渗透。在相互矛盾的成分中插入第三空间，即中介空间，让价值判断中立，注意能够表达共同情感和精神的细节，考虑到情感和精神上的细微之处。

“希望像只鸟儿，栖在心灵的枝头。”（艾米莉·狄金森）多年来，在躁动不安的现代社会中，扎根脚下，待在自己的家园，来观望世界从眼前走过，怀寂寞求真之心境，寻求教育之本真、心灵的归属。在寻到了教育中简朴愉悦的同时，努力让哲学与文化引领学校生活世界之真正变革，更怀揣“中教育”远景的期望。

“像山一样地思考”（奥尔多·利奥波德），即从“教育生态”和“本我”的角度来思考。我们在教育上所信奉的已不再是优胜劣汰，而是共生主义，努力培养一种“教育生态良心”。无论是“教师教”还是“学生学”，都呈现出持续性、生态性，一种整体共生的优雅和千姿百态的美，这是一种真实的、为个人内心成长的生活。学校生活世界里的主人，在追求那种常人望而却步的美：精神上的独立、生活中的解放，固守笃志好学的心灵，找到自我、找到个人的特色，唱出自己的歌，并逐步创立一种自我文化和独立精神。校园里有着永久的青春，种植比建造能实现一种更持久的欢乐。

宁静无价。教育的完美不是反抗，而是宁静，只有当教育达到了某种深层次的精神宁静时，才真正达到了它的目的。走向教育也就是走向了内心，一种风景在你的身外，一种风景在你的心中，这里正是终生的心灵之选择。

精神生长是一生中最重要的，努力了，结果可能有大有小，但立志要大！浩浩乎沐九德惠风而秉承精一执中之精神，“志于道，据于德，依于仁，游于艺”。我深知，博士在中学工作不是低就，而是升华，找一片属于自己的天空，坚信理论来自于实践，并可指导实践，这是我的信念。静心、思远，会给人以理智和理性的空间。静心办学，潜心教育，需要一种独处。我们还要持续洞察和激发对教育变革的兴趣，不让自己停下来。由于我们与教育有缘，我们在社会备受尊重；因为我们教书，被社会称为文化人，因此，读书应该成为我们这些一生都离不开学校的人的一种生活方式。读书可以让人沉心静气、精神愉悦，使我们的教育充满灵性与智慧，让我们的校园书声琅琅，笑声朗朗，我有这样的自信。

“道路是没有尽头的，无所谓减少，无所谓增加，但每个人却都用自己儿戏般的尺码去丈量。”（卡夫卡）在我看来，在学校变革中意义深远、亟待解决的关键问题是学校管理者必须有担当，这样行走在郑州九中这个精神家园里的我，才能信仰不惑、目标不惑、人格不惑，才能够继续默默耕耘着我们的园子。

近人常以西方哲人康德的问题为根本问题，即“我能知道什么、我应做什么，我能期望什么，人是什么”。走向教育也就是走向了内心，作为教育人我也常思考着并不懈追求和实践，这让我感到此生的快乐也许不是生命本身，而是我们向更高生活境界上升时的种种艰辛。和大家一起走，走不动了，我们就慢慢走，但要能够保持对教育变革的兴趣，一直努力并保持健康快乐的心态。“拂除杂物”“趋归精一”，我们正在努力实现让文化与教育哲学引领我们学校生活世界的真正变革。

怀揣对“中教育”远景的期望，我们努力让教育的价值目标超越校舍延伸到更广阔的领域，这不仅是一种愿望，而且是一种需求，一种达到内心平静与幸福的源泉。我也更愿我们的思想像树一样抽枝发芽，成为常青树，成长在我们一起耕耘的园地里。

第六章

在中

致中和，中之哲

中华文明绵延数千年，有其独特的价值体系。中华优秀传统文化已经成为中华民族的基因，植根在中国人内心，潜移默化影响着中国人的思想方式和行为方式。今天，我们提倡和弘扬社会主义核心价值观，必须从中汲取丰富营养，否则就不会有生命力和影响力。

——习近平

“中教育”源自对中国传统文化的自信，作为一种教育理念已经是很大胆的提法了，而把其引向“思想的思想”，即哲学层面进行思考，更显得率性而语了。然而，从2005年萌生以“中”字所蕴含的文化智慧开始思考中教育，经过郑州九中十二年认真细致的教学实践，我们感到提出“中哲学”已经到了呼之欲出的时候了。

习近平同志关于文化自信、理论自信、制度自信、道路自信的精准概述，对我们从中华优秀传统文化中汲取营养，办好学校教育，办出特色教育，有高屋建瓴的指导意义。当前，随着我国经济社会深刻变革、对外开放日益扩大、互联网技术和新媒体快速发展，各种思想文化交流交融交锋更加频繁，迫切需要深化对中华优秀传统文化重要性的认识，进一步增强文化自觉和文化自信；迫切需要深入挖掘中华优秀传统文化的价值内涵，进一步激发中华优秀传统文化的生机与活力。因此，把中华优秀传统文化传承发展，贯穿学校教育始终，反思“中教育”这个论题，提炼中哲学的教育思考和生活方式显得尤为迫切。面对急遽的社会转型和激烈的教育变革，这既不是我们的心血来潮，也不是哗众取宠，而是一名教师对当下教育的长期思考，也是一个身处一线的教育人对“人的发展”的理性探索。

第一节 中国立场

教育是一个复杂的系统，既面向社会，又相对独立自成体系，是多种社会要素综合平衡的集中反映，支撑社会文化体系与整体价值观的形成。我们坚守"中国立场"的教育，传承发展中华优秀传统文化，通过扬弃继承、转化创新，使中华优秀传统文化更好地融入当下、服务今人。这是中哲学应该思考的首要问题。

一、中哲学之价值内涵

中教育从中国立场出发，回望中国优秀传统文化，审视当下教育现状，寻找"中"字所蕴含的哲学意义、方法论和时空观，提出了本土化的现代教育哲学思考。

我们认为，中哲学的第一层价值内涵来自于五千年中华文明史。"中"不仅仅是中国人在思想文化方面的表意世界观，也是中国人家国情怀的创世实践观。对"中"字代表的中华思想智慧的深度解读，正确理解传统文化，对以"中"为代表的"天理""天象""天命""天中"等客观规律的高度概括，才是中哲学的理论基础。诸如"天人合一""内圣外王"的精神境界，"自强不息，厚德载物"的人生态度，"己所不欲，勿施于人"的道德原则，"天下兴亡，匹夫有责"的爱国情怀，"和而不同”“和实生物”的价值追求，“天下为公”“大同之世”的社会理想等等，都凝聚了千百年来中华民族的生活经验和生存智慧，融入了中华民族的血脉之中，包含着中华民族最强大的精神基因。在今天，构建中华民族的精神家园，只有以此为根基，才能在世界文化激荡中站稳脚跟。正所谓“不忘本来才能开辟未来，善于继承才能更好创新”。实现中华民族的伟大复兴，离不开中华优秀传统文化的精神滋养和力量支撑。

我们在向“中”字索求教育的智慧，在对“中”字进行研究和考证的过程中，找到了“中”字在时、空、道、节四个方面的哲学意蕴：适当其时（时）、正当其中（空）、因应时空（道）、恰到好处（节），并以此审视和观察教育现象和教育故事的方法、态度、视角等，进而形成“中”的教育理念、学校文化、课程体系等。可以看到，中哲学的第二层价值内涵来自于对当下教育的思考，是对教育发生现场进行研究，对活生生的教育故事进行书写。

中哲学主张教育是一个不断探索和寻找最佳契合点的过程，力求使教育的诸要素之间达到一种平衡和谐的状态。中教育强调用联系、互动、发展的观点来重新审视教学情境中的师生关系，注重教师素养、学生特质、教学内容、教学环境的协调共生。中教育是适当的教育、合理的教育、开放的教育、平衡的教育，有传统的智慧，也有现实的内容，是具有文化底蕴和人文思考的教育。

中哲学的第三层价值内涵来自于九中独特的历史底蕴。

郑州市第九中学位于中国传统文化的发源地、历史文化名城、八大古都之一——郑州的核心区。中原地区独特的地理和文化造就了中原人对“中”字更深厚、更丰富的理解，“中”的四个声调都潜藏着深刻的文化密码。另外，郑州九中六十多年的育人历史，积淀了学校厚重的文化底蕴，形成了“精一执中”的学校精神和“修己达人，九德惠风”的校训等独具特色的九中精神和创新实践。

在中：中哲学、中教育时空意蕴图

十二年来，我们陆续提出一些教育观点。比如“学校是学习的地方，也是生活的地方”，“让学校生活世界里的每一个人都能活得有尊严且更加幸福”，“用社团改变‘分数交往’，相比‘推倒分数论’，我们更希望在追求分数的同时，能给学生加上素质、情感、态度、价值观等”，“学校就好比一方池塘，每个生命在这里各取所需，相互关照，共同融合，构成生机盎然的池塘世界”，“以价值正中的方式做出判断，以思想共生的思维方式唤醒你我”。教育部中学校长培训中心主任，华东师范大学教授、博士生导师代蕊华在中教育全国学术交流会上指出：“中教育既是传统的，又是未来的；既是中原的，又是世界的；既是理论的，又是实践的。要进一步坚持中教育的独特性、适合性和多元性，期待中教育产生更深的理论思考与实践探索。”

教育要有人文主义观，“中教育”应紧扣中国文化的元点探讨教育。以“中”字为象征的文化智慧，以教育改革为导向、以地域文化为特色的本土内涵构成了中哲学的价值内涵，为郑州九中的教育带来了生生不息的动力，为郑州九中的成长和发展带来了源源不断的“源头活水”。

颇具“中原、古典、书香、园林”气质的校门

"中书院"建筑群落一角

"惠中廊"汉字"中"展示中国意象的传承

"中哲学"是从教育实践中产生的哲学概念。从价值内涵的生成来看，这个哲学思考不是用哲学术语来生搬硬套教育的实际，而是从实践中生成，用哲学的思维方式、从哲学的范畴来提炼和概括教育的实践，从而在更长远的未来中指导教育活动，以期使参与整个教育活动的主体形成共同的教育理念，理性地处理教学实际工作中的复杂矛盾，在进行现实取舍时找到价值工具，保持教育活动恒定、积极、向上的发展态势。

以“中”为核心的哲学观，强调平衡和谐的状态，努力寻求自然本真的发展规律，追求最适宜的过程。通过解读“中”、理解“中”，自觉运用“中”的方法看待教育问题、诠释教育现象并解决教育问题。用“守中”认识论和时空观所表达的原则和方法，来看待学校、环境、教师和学生等教育要素的发展和变化过程，理解教育应遵循的规律和应达到的状态。用“持中”所蕴含的“适度、过犹不及”“执两用中”“因时用中”“经权达变”等方法论，来指导学校管理和学生管理中的“平衡”和“适度”。

比如，我们提出“中教育＋”创新实践的概念，就是期望在理念上不断纠偏。只有在不断纠偏的过程中，教育才能达成既定目标。八年来，我们的分课型教学模式就是希望纠正过去课堂教学单一模式化的倾向，后来又提出构建基于课标、秉承“教师教、学生学”的生态大课堂。从过去提倡“教中心”，时下又提倡“学中心”的两种极端认识中解脱出来，用“中”的价值目标加以审视，并取得了可操作的“学历案”的成果。“学历案”是一种完整的专业实践，关注“教”的是教案，关注“学”的是学案，关注“学生如何学会”的就是“学历案”。学历案不是导学案的翻版，它主要体现在帮助学生实现如何学会。教师和学生在不同时期有不同的角色认知，目的是实现教育教学的高效达成。

基于中教育的课堂教学重视回归教学故事发生的现场，注重知识的动态性和发展性，认为学生是具有丰富和独特信息处理系统的主体，突出教师是学生自主学习的促进者，强调教师要为学生创设适合的学习环境，促进学生重组、转换和改造自己的信息知识经验，这样不仅完成了教学目标，而且让教师体会到教的愉快，让学生感受到学的乐趣。

“中哲学”下的中教育提倡的价值取向就是要达到“中”所追求的“适度、适宜”“和谐正中”的状态，这是一个不断探索和寻找最佳契合点的过程。中哲学重视让每一个生活在学校世界里的人，都有尊严且更加幸福地活着。在中教育的价值观中，学校不仅是学习的地方，也是生活的地方；学生学习的过程更是个体社会化的过程；我们所信奉的不是“优胜劣汰”，而是“共生主义”。教育者注重交往、对话和意义的再构建，不断审视教学评价的真实性与过程性之间的关系，让教与学共同回归学生真实的生活世界、真实的学科知识的构建和个性发展的真实需要中。

二、中哲学之价值选择

“中教育”秉承传统、立足当下、面向未来，我们提出

“中教育”的理念，并将其升华为“中哲学”，主要是基于郑州九中所特有的哲学与文化意蕴。首先，从大的区域来讲，郑州所处的中原大地是华夏文明的起源地，“中”字在中原地区的口语中具有最亲切的辨识力；其次，学校的悠久历史和扎根中原的生长力给中教育提供了充足的养分。所以，当我们提出以“中”为核心来思考我们的教学活动和教育体系时，人们会觉得很亲切，接下来的工作就是如何去解读、如何去运用的问题。我们把“中书院”的大匾挂在校门上，以“中”为核心元素命名学校的各种建筑，促进了人们对“中文化”校园的理解和认可。

我在西南大学攻读博士学位的同时，也在思考自己所从事的教育事业。在西南大学这段浸透着人文精神和涵养的宝贵时光中，我经常在想，在应试教育体制下，我们把中学办成了一种模式，中学成为批量生产“人才”的工厂，而忽视了对人的关注。实践中我们不断追问，“中”所蕴含的丰富的文化智慧，是否有改变这种现状的能量？如果确定了这样的精神高度，又如何能顺利落地？而我深知，改变一种生活方式需要有坚强的毅力，但改变一种思维方式却相当于发动一场革命。即便这样，我还是相信，只要方向正确，见成效只是时间问题。所以博士毕业，回归学校，我便开始尝试从哲学层面“问中”，从人文主义角度“寻中”，从实践层面开始“执中”而“得中”，执着地践行“中教育”。

我们始终秉持“中哲学”的理念，保持适当的教育、合理的教育、开放的教育、平衡的教育，既考虑到专家的建议，也理解师生的初衷；既从理念上提升，也注重教育故事发生的现场。

我们不仅主动去认知中教育，而且跟志同道合的同事们一起投入中教育的思考和实践中。我们采取了“博士进课堂”“校本课题研究”“综合素质评价改革”等一系列措施，吸引更多的人认知中教育，实践中教育。当然，中教育和中哲学要让所有人理解，还需要一个过程。在多年的中文化课程的探索和社团实践活动中，我们逐渐体悟到了中的智慧和魅力。这种对“中”的天然亲切感，加上我们系统的管理手段、激励机制、宣讲措施，大家逐渐达成了共识，并在“生态大课堂”“校本研究”等实践中感受到了中教育带来的收获。

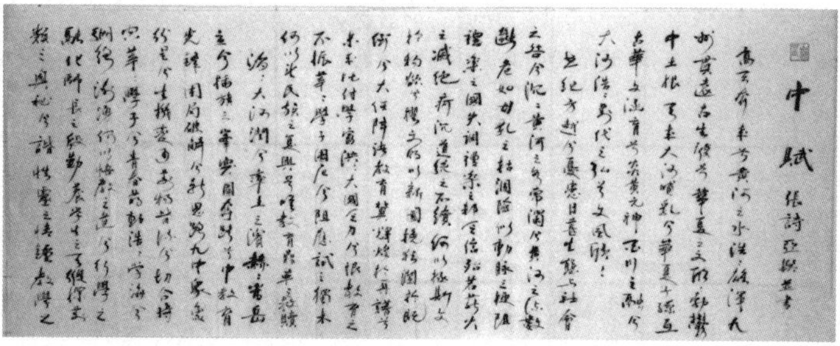

郑州九中《中赋》书法 A（局部）

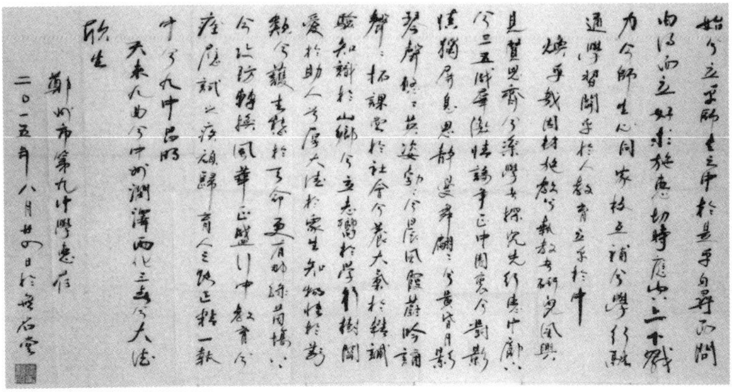

郑州九中《中赋》书法B（局部）

师生共同演绎郑州九中《中赋》《中道》

第二节 中和思维

中和思维的原意是人生和社会行为的准则，追求的是一种道德规范。这里的“中和思维”着重讨论“中与和”辩证统一的关系，简而言之，就是寻求事物发展过程中恰当的立场、观点、思路和方法。中哲学蕴含的开放性、包容性、平等性，在这个话题领域会无限的展开，而且这种无限性不仅是空间上的无限，也有时间上的无限。也就是说，在同一时间点上，各种实践路径都包含了中哲学的基本看法，而在不同的时间点上，中哲学还会继续演绎出新的实践路径。当然，正因为实践路径的发展性特点，实践聚焦就成为一件比较困难的事情，谈得太具体会让人们觉得不太像哲学命题，会让人们误判为案例总结；谈得太抽象又会让人们觉得过于空洞，无法在具体形态上把握中哲学的基本观点。

教育哲学并不是一个很古老的学科，从 1848 年出版的洛森克兰兹的《教育学的体系》算起，教育哲学也还不到两百年的历史。与古希腊时代就取得了辉煌成就的哲学体系相比，教育哲学实在算是年轻得很，所以一直以来都有教育哲学是姓“哲”还是姓“教”的争论。但不管多么年轻，不管怎样争论，教育哲学应注重教育实践是毫无疑问的，“中哲学”正是在这种背景下形成的大胆假设。

“中”的思想内涵十分丰富，逐渐演变出致中致和、尚中、持中、守中等哲学思想和方法论。

“中”“和”的字形字义主要源于古老的礼乐传统，是华夏民族生存智慧与人文理性的凝练与展现，并构成了礼乐的价值内核。礼乐之“中和”精神的形成有着本体论和方法论两个层面的意义，不仅体现了华夏民族对于真、善、美的理解与推崇，而且构成了中国传统礼乐文化的核心精神，以及使其得以绵延发展的原动力。“中”与“和”的并称合用是在《礼记》里才出现的，这体现了人们关于礼乐之中和精神的认识有一个逐渐成熟的过程。“中”与“和”的人文理性意义的形成和提炼经历了漫长的历史演化，与礼乐一开始仅仅是为了满足基本生存发展需求的粗糙低级的原始形态，逐步进化至人文精神的高级形态的过程大体相一致。①

我们说“中”与“和”的产生均源于古人求取更为有效的生存与发展的需要，而“中和”的并用则体现了人类生存智慧与人文理性的完美结合，这主要有本体论和方法论两个层面的意义：本体论的意义体现为一种价值理性，方法论的意义则主要体现为一种思维智慧。具体而言，“中和”强

---

① 冯兵《“中”、“和”与“中和”——论礼乐的核心精神》，《华侨大学学报（哲学社会科学版）》2011 年，第 3 期。

调的是适中、合理、和谐与发展，它要求人们必须拥有大智慧，并随时随地保持清醒和理性，以使一切事物都能科学合理地发展。同时，它又是一种高尚的德行，因为要达到上述要求，我们的社会和每一个社会成员都必须具备追求真理和正义的意志与勇气。除此之外，“中和”还具有浓厚的美学意蕴。它主张一切都适中合宜，恰到好处，并且和谐圆融，富有生机，这就要求一切事物所呈现出的状态都是和谐而完美的。因此，“中和”就是真、善、美的融会，是中国传统礼乐文化与哲学中历久弥新的核心概念和基本精神。当今社会，如果人人都能以传统礼乐的中和精神作为自己的修养原则，不仅可以大大地完善自我，成就自我的功名和价值，而且也能为推动整个社会的和谐与发展贡献一己之力。

“执中致和”是构建和谐社会的重要思想资源。“和”表示协调不同声音，构成美妙的乐章。当人们认识到“和实生物，同则不继”的事物发展规律后，便逐步向政治法律、伦理道德、心灵审美各领域推进，要义是将利益不同、政治要求不同的力量协调起来，实现国安民悦的“大和”目标。甲骨文中“中”为“王旗”形，表示王法之中道，后延伸为道德之中正、认识之正确，以及人性之至诚、人情之中节。“执中致和”就是执政者以其中直之性和中节之情，实行合乎中道的法律制度，让矛盾中的各方各得其位，使创生中的万众各张其性。[①]

以孔子为代表的儒家思想对中的认识主要体现在对中庸之道和“持中”的认识上。“中”的神圣性“中庸”一词，最早出现在《论语》中，后来经过思孟学派《中庸》《孟子》等著作的进一步发展，成为儒家尊崇的最高道德原则和处世之道。孔子虽未直接定义“中庸”，但他的“五美四恶”之说实际上就是讲中庸。所谓“五美”，即“君子惠而不费，劳而不怨，欲而不贪，泰而不骄，威而不猛”（《论语·尧曰》），而“四恶”则是从反面对君子之德进行界定。实现“五美”屏除“四恶”都有一个无过无不及的度，关键是不能偏激。中庸之道是指行为恰到好处，是道德实践的最高境界，也是实行中庸之德的最好办法。“中者最初为氏族社会中之徽帜”，“是原始社会普遍存在的‘神圣中杆’”；“庸，用也”[②]，是古代巫师通天之“宇宙树”或“天柱”的符号化拟象物，具有神圣性和权威性。朱熹对“中庸”的解释是“中者，不偏不倚，无过不及之名；庸，平常也”，“中庸者，无过不及而平常之理，乃天命所当然，精微之极致也”（《四书集注·中庸章句》），中庸就是

① 蒋广学《“执中致和”本义考》，《江苏大学学报（社会科学版）》2006年，第8期。

② 张海英，张松辉《“神道设教”和“中庸”整合下的孔子天道观》，《求索》2009年，第2期。

永远恪守中道的意思。中庸即是善，是适度，最能体现伦理和道德的规范与要求。“中者，行之无过不及，正者，立之不偏不倚，惟其立之正而行之中，故得其序而无邪僻，此礼之本质也。”（《礼记集说》卷七）儒家认为中庸之道不仅是认识论的问题，也是方法论的问题。孔子把中庸作为道德修养的方法和处理各种问题的基本观点，广泛应用于各个方面，并由此构成了以中庸为脉络的整个孔子思想体系。

作为方法论，中庸之道主张过犹不及、执两用中、因时而中。过犹不及，世界一切事物是自身而不是他者，是由一定量的度所决定的。同时，中庸的观念里还有一层重要的含义，即“时中”。《论语·子罕》中说“毋意、毋必、毋固、毋我”，一切都要根据特殊的情境随时而动。朱熹在解释《中庸》“君子而时中”时讲“君子之所以为中庸者，以其有君子之德，而又能随时以处中也……盖中无定体，随时而在，是乃平常之理也”，君子行事，在坚持原则的前提下，还得有所权变，以使自己的行为始终不偏离中道。离开了“时”，离开了“权”，“中庸”便失去了生命的活力，成为凝固、僵死、形而上学的教条。因此，“中庸”就是“中和之为用”，是“中”和“权变”的和谐，是动和静的统一，是原则性和灵活性的完美结合。[①]

持中思想体系中的“持”有两方面的内涵。持中守正是《周易》的核心思想。持中秉正一直是中华民族重要的道德规范和行为准则。《说文解字》中说：“持，握也。”持两用中，即要坚持中道，不偏不倚。《礼记·射义》中说：“持弓矢审固。”持有坚持之意，还有保持、坚守的意思。在《后汉书·列女传》中有：“持久者知止足也。”《荀子·正名》中说：“犹引绳墨以持曲直。”如持势（保持地位、权力）；保持（维持原状）；持世（维持世道）；持衡；持位（保守地位）。

道家对“中”的理解主要体现在“守中”思想中。《道德经》以天地不仁和圣人不仁为出发点，认为“天地不仁，以万物为刍狗；圣人不仁，以百姓为刍狗”。王弼注“不仁”道：“天地任自然，无为无造，万物自相治理，故不仁也。”在此章中，老子将天地之间比作一个巨大的风箱，“虚而不屈，动而愈出”。天地尚如此，人也应效仿天地之性，慎为守中。张默生说“中”有中空之意，好比橐龠（tuó yuè）没有被鼓动时的状态，象征虚精无为的道体。推及人理，人也当如天地、橐龠，守“中”之道，以无为为有为。[②]《道德经》第二章写道：“有无相生，难易相成，长短

① 史德新《论老子守中思想与孔子中庸之道的异同》，《求索》2010 年，第 5 期。

② 陈鼓应《老子注译及评介》，中华书局，2009 年。

相形，高下相倾，音声相和，前后相随。”老子选择以无为待万物：“生而不有，为而不恃，功成而弗居。”不执两端，从而让两端相生相成。可知中并非正中，而是适中即可，找到一个度。《古文尚书·大禹谟》中“人心惟危，道心惟微；惟精惟一，允执厥中”，释义为：人心难易其诡，道心难得其真，求真总须精纯专一，治世贵在守中固善。“守中”是不欲求于外物，空虚无为，与万物齐一的广阔心态；是明晰过犹不及，并能因循遵道的人间美德；也是思想上感性与理性相辅相成的美好状态。“常无为而无不为”“不欲以静，天下将自定”是为“守中”。

老子的守中思想及以孔子为代表的儒家中庸之道，都是在前代思想文化积淀的基础上完成的哲学成果。它们在哲学基础和方法论、本质内涵、标准和主张等方面都有很多相似之处。在此意义上，中庸之道并非像普遍认为的那样，为儒家所独创。但从本质上说，守中思想和中庸之道是中和观念在中国哲学史上的不同发展阶段。

尚中是《易学》中关于修养和心性哲学的重要内容，主要体现为“尚中爻”“求中和”“贵中节”。《易传》尚中爻的解易原则，为历代易学家所继承，无论是象数派，还是义理派，或象数与义理统一派，都推崇中交。求中和，中和体现了阴阳对立面的一元性，中和自身具有阴阳矛盾，是阴阳之间所存在的一种媒介运动。贵中节，一切事物都有它的适度，这种适度又有一个极限，超出这种适度，或者说越过这种适度的极限，就成了别的事物。这样的适度和它的极限，在哲学上被称为度和关节点。[①]《彖传》认为：中则无不正，故中又称为中正、正中、中道。中正，其义为无过、无不及、无偏、无邪，在一般情况下，中爻往往吉。程颐认为“天下之理莫善于中”，把居中位、有中道视为判断吉凶的最高准则。易学的尚中思想内容宽泛，精蕴甚丰。从上述易学家们对“中”的内涵的揭示可以看出，他们都立足于儒家的文化价值理想，崇尚中和，追求自然界的整体和谐，探求世界的辩证统一，揭示了客观事物的最佳存在形式及其运动发展规律，对人们认识事物的发展变化，维持事物的最佳状态具有积极意义，是值得我们继承和发扬的宝贵的精神财富。

我国现代高等教育管理实践的重要开拓者郭秉文的教育思想有着鲜明的教育意味和“持中”感。一方面，他重视教育管理的教育性，主张教育要面向所有公众，教育管理应具有公共精神。另一方面，他也坚信教育管理是一种持中之道，认为合理的教育管理应恰当地处理西方与中国的关系，注重教育管理的本土情境；应深入地考察过去与现在的关联，提升教育管理的历史感；应审慎地辨识激进与保守的利

---

① 李兰芝《易学的尚中思想》，《南开学报（哲学社会科学版）》1994 年，第 3 期。

弊，意识到教育改革的渐进性。[①] 郭秉文本人所引用的孟禄在一次演讲中提到的话，或许最能体现他的教育管理本土化思想："所当取法者，西方文化之所长与其精英，而非其糟粕也。采西方文化时，融会而非变置。"在他看来，只要将世界眼光与本土思考结合起来，一方面采用欧美制度所长，一方面保存、发扬我国教育之所宜是，我们就能够迎头赶上，创造教育和国家的美好前途。郭秉文也认为，不仅传统经学有助于现代道德教育，中国古代文学同样可经变更发挥积极效用。他指出："中国之文学资料，有意撰，有稗官，有传记与诗赋，于养成人民道德之生活，均占极高之价值。"其所强调的教育管理的教育性与持中之道，对处于社会转型与教育急剧变革时代的当下教育管理者而言，无疑有着重要的启示意义。西方哲学对"中道"也有研究，如亚里士多德说："要在应该的时间、应该的情况下，为应该的对象，为应该的目的，按应该的方式，这就是要在中间，这是最好的，它属于德性。"[②]

基于以上观点，我们目前提到的中哲学的实践路径，把握了两个原则，第一是对比较成形的教育实践做哲学思考，也就是对大家比较公认的有效的教育实践进行总结和升华，

① 陈学军《教育意味与持中之道：郭秉文的教育管理学思想》，《大学教育科学》2013 年，第 2 期。

② 亚里士多德《尼各马科伦理学》，中国人民大学出版社，2003 年。

以期能够达到成为思想的方法。当然，这个过程不是说先任由事态发展，而后再硬生生地套上哲学的名词，这个过程本身是有中哲学思考指导的过程，是一个不断纠偏、曲折前行的过程，待其成熟后再进行精准的理论探索。第二是对尚未完全达到中哲学方法论高度的部分，我们暂时交给时间来检验，先不做定论。

一、中哲学之课程观

课堂是教育哲学最核心的阵地，也是我们研究的最重要的领域。我们认为学校课程应为学生发展而服务，为学生提供足够的可以获得经验的环境、平台和支持。课程的价值在于为学生提供丰富的学习经验，让学生在实践中学习，在不断的反思和总结中积累经验，在经验的积累中不断发展和成长。

经过多年的实践和总结，我们逐渐认识到，课程应从人的本性出发，关注"实践活动"在教育过程中的重要性，重视学生在经验中的体会。在这种课程观的关照下，学校教育中的课程形态主要以"实践活动"的形式存在。课程目标的制定、课程内容的选择、课程实施的取向和课程评价模式的确定，关键在于经验的选择、组织和获取。

在这样的认知基础上，我们逐渐总结出"生态大课堂"的课程体系，在前面章节的讲述中，我们曾经具体介绍过生态大课堂的内容，这里只从哲学层面来论述生态大课堂的合理性。

人们常常用“生态”来定义许多美好的事物，如绿色的、健康的、美的、和谐的等等。“生态学”被赋予整体相关、动态平衡、可持续发展等概念。这与中教育观不谋而合。中教育以“尊重、唤醒、激励生命”为核心理念，用联系、互动、发展的观点来重新审视教学情境中的师生关系，注重教师素养、学生学情、教学内容、教学环境的协调共生。在教学过程中，我们将诸如“协同合作”“伙伴关系”“相互依存”“生命性”“共生性”“民主性”“对话性”“多样性”“开放性”“整体性”等教育生态意识贯穿其间，通过优化课堂生态环境，培养学生的创造力与感悟能力，使师生成为合作的探索者、平等的对话者和创新的学习者。

西南大学张诗亚教授在谈到“中教育”时说：“‘中教育’倡导的就是种子教育，是倡导师生们根据自身发展在‘寻中’‘问中’中找到‘适中’的一种教育状态。”这种“种子”观点，正是中哲学对教育生态理念的诠释。整个寻中、问中、适中、持中、守中的过程，也是“本我生态”和“教育生态”契合的过程，结出的果实正是“生态大课堂”。当下，我们的教育实践信奉的已不再是“优胜劣汰”，而是努力培养一种“教育的生态良心”。无论是“教师教”还是“学生学”，其呈现出的持续性和生态性，都是一种整体

“共生”的优雅和千姿百态的美，这是一种真实促进个人内心成长的生活。

“中书院”课程

“中书院”文集

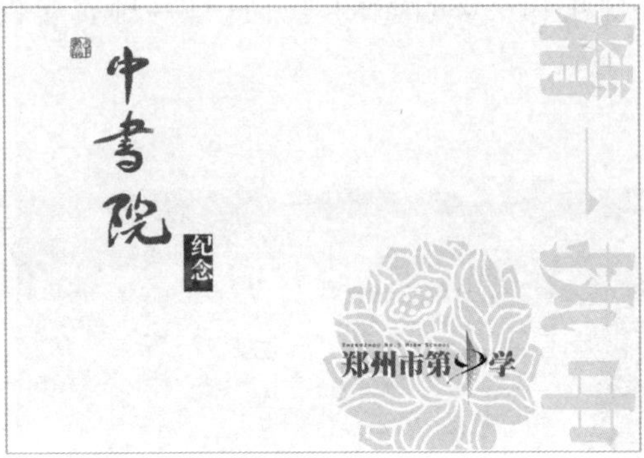

“中书院”纪念

在这个理念的引领下，我们尝试把教学活动、学术研究与人的成长和生活结合起来。在中书院里，我们鼓励变革学习方式，在创造中学习，并为创客式学习提供了良好的环境。比如我们把图书馆改造成“信息资源、教学与学习场域”，进行无监控开放式管理，让图书馆成为学生和教师生活世界的重要组成部分。我们总结出深度优化的课程体系，即一是强调多学科内容的整合性和课程材料的时代性，所学内容要与时代发展联系得更加紧密；二是强调信息技术的整合性，任何学科都可以引入各种技术工具、软件平台、媒体素材等，在促进学科教学的同时提升学生的信息素养；三是强调学科活动的实践性，让学生能够动手操作，教材内容、课后练习、教辅材料的组织尽可能以“活动”为导向，而非说教式或练习型组织模式。

“中哲学”对教与学各主体充分尊重，在科研实践活动中强化了“生态学”的理念。郑州九中的“课型研究”优化了课堂生态环境，为学生有效学习营造了宽松的氛围。课堂上，教师充分关注与学生的情绪生活息息相关的教学软环境，重视学生的心理健康。课型研究不仅让学生的主体意识得到充分的发扬，而且让教师的主导意识也得以适中的融会贯通，形成了教与学的良好循环。师生之间不再是为完成一件教学任务而形成的上下游的机械关系，而是共同探讨学问的、人与人交往的平等关系。

我们看到中哲学视域下的课堂实践发生了变化，师生用自己的脚走路，用自己的手创造，他们更大胆地说出自己的想法。直指教育价值本质的生态大课堂，正在激发学生的求知欲望，学校的生活世界正在悄然发生着变革。

S. G 轻音社改编、演绎九中版《成都》

心语之声广播站讲述“我和中书院的故事”

二、中哲学之管理观

谈到管理，似乎已经到了非常具体的操作层面了，还有必要在哲学的范畴中去论述吗？我认为还是有必要的，其实在哲学讨论的历史中，常常围绕着社会组织和个人自由的矛盾展开。这两个纠缠不清的命题让人类哲学总是处于苦思冥想、求之不得、论之不尽的复杂情形中。以经济学为例，“看得见的手”和“看不见的手”两个哲学命题一直是困扰市场经济的难题。

然而，这也是哲学存在的必要和哲学讨论的乐趣。哲学本来不是告诉你“什么是什么”，它只是不断寻找一种价值认识，进而对现实提出质疑、反思、批判，而后超越。哲学家总有一套永远达不到但永远存在着的更好的方案，这也构成了一代代哲人的思想活力。教育哲学在这方面的体现更加明显，教育是现在的问题、当下的问题，而其结果则在未来才能显现，甚至需要经过几代人的验证才能显现。

所以，基于哲学范畴的思考，学校管理也是非常重要的讨论内容。教育哲学和教育事实的辩证关系告诉我们，教育哲学的思考源泉来自于教育事实的存在，教育事实有赖于教育哲学的指导。没有教育事实的教育哲学是空洞的，就如分析教育哲学后来陷入的境况一样；没有教育哲学的教育事实是盲目的。

关于学校管理，郑州九中曾经因为一件事情引起了很大的讨论。学校规定不允许穿短裤或拖鞋进校，平时同学们都能认真按照此要求执行。但高考后，学校要照毕业照，部分学生穿着短裤和拖鞋来了，学校保安因执行校规而拒绝让他们入校。双方僵持不下，学生不得不回家换了衣服再赶来拍照，但有些学生离家较远，因此没能赶上这一珍贵的时刻。此事引起了热议，也形成了意见不同的两个阵营。

究竟是支持保安人员严守校规，还是支持对毕业的同学网开一面？看似一个非常平常的问题，但却关系到社会组织层面和个人自由层面的哲学矛盾。教育如果处理不好这样的问题，就意味着我们未来的主人要么死守规定变得僵化，要么无视规则变得圆滑。这样看来，小事不小，因为教育是关乎未来的事业。

中哲学认为“执中致和”是构建和谐社会的重要源泉。

所以，我们在处理校规校纪时引入工具价值和人文价值的概念，以达到执中致和的目的。

"执中楼"楼宇一角

校规的工具价值源于管理者思想中的管制逻辑。学校管理中的管制思维源于赫尔巴特，赫尔巴特认为儿童生来就有一种"不驯服的烈性"，所以管理的目的在于驯服这种烈性，在学校中"造成一种秩序的精神"。管制逻辑隐含的管理原则是秩序和效率，在管制逻辑的管理下，学生的行为越来越规范，从而达到"秩序井然"的目标。这样培养出来的学生，优点是有规则意识、契约精神和秩序观念。然而，如果我们承认"制度是以人性的需要为基础的，制度的基本价值诉求以人性为最基本的依据，从而发挥其保障人性需要的作用"，那么我们就不能不考虑，制定校规的初衷是什么，制度设计者的人文价值考虑是否充分，基于人文价值的道德逻辑是否合理，操作者是否深刻理解制度设计的原因，对制度设计的缺陷和现实中的特例应当如何应对。这一系列问题正是教育哲学需要回答的。我们在平衡考虑校规的工具价值和人文价值两个方面做了大量思考，以期达到“执中致和”的目的。

第一，校规的制定：变工具性的约束为人文性的协商。从一定意义上说，校规是学生与学校签订的一份必须遵守的“契约”，契约理论的核心要素即是同意和正义，即契约关系下权力行使的前提是被约束者的同意。因此，校规的制定应该有“民主协商”的程序，民主协商正是充分考虑人文价值的道德逻辑。我们在制定校规时，利用微信和网站投票平台，充分考虑广大师生的意见，补充了大量有失“中和”的条款。

第二，校规的执行：以工具性的“刚性处罚”为手段，以人文性的“合理引导”为目的。我们要求校规的执行者明白，制定校规是从人出发的，处罚不是目的，只是手段。因此，要严而有度，以人的诉求、人的尊严为原则，巧妙处理执行公平、公正与因事而异的关系。比如，我们学校的图书馆选择了开放性管理，也就是不要监控等系统。有人担心图书的流失问题，而我认为，图书的藏、借、阅、咨询等管理是必要的，要让大家意识到，共同遵守这个契约是方便大家读书，而防盗系统不是针对有教养、受过教育者的，我们应该充分信任我们的学生和我们学校的教育力量。

第三，校规的管理模式：变工具性的“他律型”为人文性的“自律型”。学校管理的目的是育人，规范学生的行为也是为了帮助学生养成良好的道德文化素养和学习生活习惯。通过管理使学生将原来的“他律”行为，最终转化为“自律”行为，并把管理的内容内化为学生的自觉意识，这才是管理最终的目的和使命。例如，在学生管理中，可以充分利用学生会、社团等学生组织，在学校组织和开展的各项活动中，给学生充分的管理权和自主权，使学生在领导和管理活动中体会管理的意义。

第三节 中正品格

“中正”是中国思想史上的重要观点。中正不是折中主义，而是正确和适当。具体到“中哲学”的教育主张，主要讲的是学校教育的主体自觉，即学生和教师教育品格的塑造。

关于教育哲学的百年论争，不论是美国的实用主义教育哲学、德国的国家主义教育哲学、苏俄的共产主义教育哲学、英国的公共教育哲学，抑或姜琦等学者提出的三民主义教育哲学，还有改革开放后我国学者提出的“双本质说”“多本质说”“社会实践活动说”等不同的教育哲学主张，归根到底都要落实到哲学的真正研究对象上，即对人的研究。

中哲学的研究阵地源自中学教育，主要有两个主体，一个是学生，一个是教师。当然，拓展开来，还有以学生和教师为中心的社会，比如家庭、社区等。然而，中哲学最根本、最直接的研究对象还是教师和学生。

一、中哲学之学生观

习近平同志指出：“中小学生要立志成才，必须勤奋学习、提高综合素质，努力做到修身立德、志存高远，勤学上进、追求卓越，强健体魄、健康身心，锤炼意志、砥砺坚韧。”这对我们的教育目标提出了更高、更全面的要求。我们也看到，这是党和国家在基础教育层面，对教育什么样的人、怎样教育人提出的更新、更有时代责任感的任务。

从以科学精神为核心的培养战略，到以素质教育为核心的培养模式，体现了中国教育界强烈的社会责任意识。那么，社会发展到今天，国家繁荣昌盛，给每个人提供了更多元的选择机会，我们如何紧随时代需要，完成党和国家对人才培养的要求，又急迫地摆到了教育哲学的面前。我们思考的“中哲学”和“中教育”，正是基于当前教育改革的现实思考，结合中国传统哲学的启示，以“中”为思考的核心而提出的人才培养战略，我们称之为“中哲学的学生观”。

中哲学的学生观认为，每一个学生都是一个独特的个体，学生之间存在天然的差异性。我们的教育就是帮助每个人找到最适合自己的生命方式。前文已经说过，这个想法往前推数十年是不可想象的，因为当时教育的实际情况不允许有这样的思路，也不可能提供这样的条件。随着国家发展战略的推进，全面建成小康的总目标正在实现，社会需求和个人选择的机会越来越多，把国家富强和个体发展的天平调到适中的客观条件已经具备了，所以我们提出的中教育才有实施的可能性。

学校不仅是学习的地方，也是生活的地方。生活不存在模仿，学校生活本身也是社会生活的一部分。真正的生活是人与人之间动态的关系，学校不是创造关系，让学生做模拟题似的模拟生活，而是要教会学生处理好生活的各种关系。我们把每一个学生都看作是独特的个体，并不是把个体割裂开来，而是希望个体认识到自身的差异，更好地融入社会中去。

因此，我们从交往入手，去实践中教育的教育价值。我们发现在以往的教育实践中，师生之间和同学之间的交往有一个非常奇怪的现象，那就是彼此之间的交往把学业成绩放大为一个人的全部。用分数和别人交往，学习好的学生大家都高看一眼，学习差的同学大家甚至不愿与其交流。这一现象的出现固然有光环效应的作用，但主要是应试教育“分数至上”的思维在“作祟”。这种极端的交往方式，有可能使同学之间的关系恶化，比如毕业以后，有的同学奋斗得要比在校时成绩好的同学强，双方都会有巨大的心理落差，甚至有些同学对当年的老师也会“怀恨在心”，经常会调侃老师说“想当年您的得意门生比我差多了”。这些都是不正常的交往标准导致的不正常的交往结果。

中哲学认为教师和学生的交往方式应变“分数交往”为“特长交往”。在学生独特性的培养上，学校应提供足够多的“多样性”，以此来满足学生的“选择性”。这其实是正常的生活状态，社会生活就是需要多样的人才才能保证正常的运行。基于这样的思考，我们提出了“学生学”，欣赏学生的差异之美，引导学生找到适合自己的成长方式。

在具体操作层面，为了实现学生的特长交往，我们认真地思考社团文化，而且为学生提供充足的资源和广阔的平台，鼓励学生自主选择、自主发展。为了进一步促进学生的多样化成长，我们还对课程内容和具体实施形式进行了调整。比如，体育课打破了传统的分班教学和照本宣科的老套路，实施“学生选课、因人教学、名师上课”的选项教学，学校提供了诸如足球、太极、跆拳道等特色项目供学生选择，最大限度地保证了学生的多样化成长。我们已经连续举办了三届亚太青年学生领袖大会，来自世界各地的中学生充分交流自己的学习经验和人生理想，展现学校的办学风采和个人能力。我们欣喜地看到，郑州九中的学生一年比一年自信，因为这就是他们的日常生活。

作者在第三届亚太青年学生领袖大会上做“有梦想，可未来”的致辞

第三届亚太青年学生领袖大会“领袖·中·未来”主题论坛

当然，“中”的哲学讲究智慧，讲究平衡。就目前的情况来看，我们也不能极端地“推倒分数”，但是我们希望在追求分数的同时，能给学生素质、情感、态度、价值观等更多的东西。社会生活的任何环节都会有一个主要的测量标准，学校里拼分数，追求有质量的分数，企业里拼业绩，这才是真实的生活。但我们需要告诉学生的是，这不是生活的全部，不是要扳倒一个再竖起一个。我们选择用加法，增加教育生活的可能性，通过社团这种育人方式，给学生提供一个更多元的生态环境。每个人都能凭借自己的特长，自信地与别人交往，并成为朋友，这就产生了新的交往逻辑。我们要让学校成为学生心存感念的地方，让教师和学生成为校园生活中最温暖的存在。

二、中哲学之教师观

中哲学的另一个研究对象是教师，很多教育哲学会忽略这个主体。大家往往关注培养怎样的人才，怎样培养人才，却忽视了教师是首先要成长和发展的。在中哲学的观点中，对教师的期待是“发展”，而发展的关键是教师“精神的成长”。教师的发展性体现在教师长年的职业生涯中，教师在拓展学科视野、强化专业技能和提高教育教学水平的过程中，能不断找到自己的人生价值，实现精神成长。

如何把教学大纲的要求准确传达给学生，让学生练就答题的好身手，成为广大教师的主要任务。他们长年累月围绕课纲课改形成的机械教学惯性，使学生形成了死记硬背的习惯。学生成了知识接受的机器，教师也成了知识灌输的机器；学生用分数交往，教师用升学率交往。我们经常看到，中考、高考后学生撕书丢书，以发泄对这种教育模式的不满，同时表达解脱后的痛快，但我们的教师还不得不迎来新一届的学生，无处发泄，无法解脱。

长此以往，教师难以体会到工作的乐趣，更难以确立明晰的职业发展目标和人生目标。学生厌恶书本，教师也疲于工作。正如杜威所说：“一个科目从来没有因其自身而被学生欣赏过，那么它就无法达到别的目的。”因此，要使学生喜欢学习，对知识充满渴望，教师首先应当成为学习者。教师不仅要学习专业技能，还要学习如何引导学生主动思考、积极求知，把“教师教”和“学生学”主动地配合起来。

基于此，我们鼓励教师参与科研，并在自己的教学活动中进行学术研究，在研究中提升自我，将研究成果通过课例展示出来，督促教师的专业发展和自主提高。为此学校专门成立了“教师发展处”，并以“点燃教师激情，关注精神成长，追求教学卓越，享受职业幸福”作为教师发展处的核心工作理念。

我们成立了“河南省博士后研发基地”“校长工作室”“博士工作室”“人文创新名师工作室”“科技创新名师工作室”，就是要让这些机构成为郑州九中教师参与科研的引领力量和指导力量。无论是提倡“从做中学”的杜威，还是主张“知行合一”的陶行知，他们无一不是在办学的基础上成就了自己的教育思想。所以教育研究者要来到教育故事发生的现场，与教育实践结合起来。我们把高校和科研机构拉进了教育动态的一线，让华东师范大学、河南大学、郑州大学等专家和学者走进真正的中学课堂，在教育科研的实际层面展开交流与合作。也让我们的教师逐步改变只关心知识灌输而忽略唤起学生对学科兴趣的陈旧想法，在改善课堂教学效果的基础上，找到自己的价值。

“中教育”绝不是一个人的思想阐述，从郑州九中十二年的总结提升历程来看，中教育成为学校共同体的教育信仰，有赖于全体成员的积极实践和思考。正是因为中哲学关注到了教师的信仰和人格意义，所以才希望采取更多的措施，激发大家对教育的思考，成为中教育的认知者和践行者。正如石中英教授曾经提到的，21 世纪的教育哲学要从“以教育知识为核心”转变为以“教育实践和教育生活为核心”，转变为一种“实践哲学”或“生活哲学”。这种哲学的最终目的是要真正地提升人们的教育智慧，而不仅仅是增加人们的教育知识。

2016 年 5 月，“中教育”理论与实践论证会召开

2017 年 4 月，“中教育”全国学术交流会召开

“中教育”学术交流会上，专家学者问道“中教育”

在中哲学的提炼过程中，在中教育的具体办学实践中，我们惊喜地发现，我们的教学思想正逐步把教师从“工具人”“职能人”的泥淖中解脱出来。广大教师不再是简单地把教学工作当成谋生的手段，而是充分享受教学带来的乐趣。在学生求知欲不断提高的基础上，教师也不得不时刻注意自己教学方法的提高和教学态度的转变，在“教”与“学”的闭环中找到“中”。

第四节 中国意象

中教育最核心的部分是“中”，“中”是中国传统文化中一个非常重要的概念，我们把这里的“中”定义为规律、真理。“中”字在甲骨文里的写法是“”“”。关于“中”字，东汉许慎在《说文解字》中写道：“中，和也。”清代陈昌治刻本《说文解字》中解“中”为“内也”。

华夏民族主要活动在黄河流域一带，以为居天下之中，故称中国，而把周围其他地区称为四方。古代以五方（东、西、南、北、中五个方位）配五行（木、金、火、水、土）。中配土，中央表土，中土曾借指中国；土色黄，故又以中央代表黄色，中央之服即黄袍，中央帝曰黄帝，更有得“中土”而君临天下之说：“惟土德之为大，处中位而君临。”（吕太乙《土赋》）“中”作为汉字符号，有其特殊的历史沿革，更保留着华夏民族古老的记忆。河南又称中州、中原、中土，就有中心的意思。

我们在这里所提倡的“中”应该是一种相对的、变化和发展的“中”，不是绝对的僵化不变的标准。从静态角度理解的中，是无过之无不及之意，那么，过与不及之间的界限即是中，这个中不是两端之间的中点，而是一个变化的、处于两端之间的一个中间地带。换句话说，这个中可能是两端的中点，也可能与两个端点的某一点重合，而这个点要根据具体情况的变化来确定，是一种适度、适当的状态。所以，中是一种动态性的结构比例，随时空环境而变，并非一味永恒的是中间、平和、不偏不倚，那恰恰不是“中”。

“国”字也是一个极富哲理的造字创意。据现代古文字学家于省吾先生在《释中国》一文中的论证，“中国”一词最早出现在西周初年，即公元前11世纪，距今已经有3000多年的历史。

目前所见到的最早的证据，是1963年在陕西鸡贾村出土的一口“何尊”（尊为古代的酒器，用青铜制成）上的铭文。铭文写道：“惟武王既克大邑商，则迁告于上天曰：‘余其宅兹中国，自之辟民。’”意思为周武王在攻克了商的王都以后，举行了一个庄严的仪式报告上天：“我已经据有中国，自己统治了这些百姓。”何尊铭文的前面还提道：“惟王初迁，宅于成周，复禀武王礼。”可见是周成王姬诵时的记录。姬诵是周武王之子，是西周第二代天子，谥号成王。商周时期，人们聚居的地方称作邑，邑就是国。东汉许慎的《说文》曰：“邑，国也。”西周时期，人们要表示“国家”的意思，一般用“邦”字。铜鼎铭文中的“國”字写成“或”字。《说文》曰：“國者，邦也；从囗从或。”“或者，邦也，从口从戈，一以戈，一为守。”“或”字里面的“口”代表人口，“一”代表土地，“戈”代表军队，持戈巡守。这个表示国家重地的“或”字，加了“土”旁，就变成疆域的“域”字，外面的大“口”代表范围，把这四个条件组合起来，便成了一个“國”字。

探寻中国传统文化之形“象”，求中国文化之真“意”，而具有“意象”思维特征，以汉字为切入点，也许是一种较为贴切的方式。了解汉字意象、诗词意象，由“象”到“意象”再生发为“意境”，学贵自得、循序渐进、知行合一，进而才能思悟更多中国意象里的中文化内涵，这样也许才能够让中之国人，更好地体验中之哲学。

印象“中书院”——师生与河南博物院唱诵《中道》

武术社谦和致敬，阐释“九德”

“中赋”诵读社传承中国意象

禅武社演绎太极，传承中华传统文化

十二年前的2005年，我们对“中”字所蕴含的传统文化智慧就有了自己的思考，并开始在《甲骨文词典》《说文解字》《古文大辞典》中追溯“中”之元义。我们发现“中”不仅是一个汉字，更是一种状态、一个过程、一种方法论、一种价值观，进而是一种时空观。对“中”字背后所表达的宏大文化体系的研究，一转眼就是十二年，这其中也经历了从理论到实践的不断演变。中教育开始从内心的理论识别到落地生根，不仅是个人对中原厚土、黄河文明及中学基础教育的人文情怀，而且是对“中”字本身所蕴含的教育哲学文化的探源和实践，希望能对中国当代社会产生一定的价值和意义。

一、立象尽意

汉字，乃是中国意象的特殊载体。汉字可以说是中国文化体系中最有代表性的组成部分，也深深地影响了中国人的思维方式。从某种意义上说，汉字既是文字，也是图形，它具有显著的意象性特征。有学者指出："人类认识活动的领域中真正的创造性思维活动都是通过'意象'进行的。"从这一点去分析，也许正是因为汉字本身的"意象性"特征，使中国人从接触汉字伊始，便具有了明显的"意象"思维特征；也许正是因为"创造性思维活动都是通过'意象'进行的"，所以可以进一步得出结论，作为四大文明古国之一的中国，至今依然焕发着活力的原因，与汉字本身的"意象性"特征有着密切的关联。

何谓"意象"？从文学层面来看，象可以理解为具体的物象，但更多被阐发为"意象"。"意象"作为一个独特的美学概念，是建立在中国传统文化基础上的中国式审美名词，其中凝聚了我们独特的审美文化体验。早在《易经》中就有"圣人立象以尽意"的观点。"意"与"象"的结合可谓独特，用于文学从审美的角度来说更显巧妙。具体说来，"意象"之中，有意有象，"象"为外观，"意"则为灵魂。借助于外在的具象，而体悟内在的意蕴，由象识心，可获得更多的审美体验。

以因中国诗词大会这一节目被人们熟知的武亦姝引述的“江南无所有，聊赠一枝春”为例，此诗出自南北朝时期的陆凯，为赠别友人范晔而作。“一枝春”是借代的手法，以一代全，象征春天的来临，也隐含着对相聚时刻的期待。梅花是报春之花，折梅而寄友，礼轻情义重，它带给远方朋友的是江南春天的浓浓气息，是迎春吐艳的美好祝愿，也是诗人与远方挚友同享春意的最好表达。诗中“一枝春”描写眼前仿佛出现了明媚春光，春到江南梅花绽放枝头的美好图景，在淡淡的致意中透出深深的祝福——江南有的正是诗人的诚挚情怀。不难看出，国人对中国诗词大会的热议，正是对中国意象的特殊载体——汉字的热爱。诗词大会唤醒了国人内心深处对中国优秀传统文化的热爱，是几代人对美好诗意的集体记忆。

大自然是一个生命世界，是一个动态系统，天地万物都包含着活泼的生命和生意，这种“生命和生意”是最值得观赏的。北宋哲学家、教育家、理学的奠基者程颢，直接将盎然畅达的“生机、生意”解读为“仁”，更有了“万物之生意最可观”这一著名论断。所以在“中哲学”与“中教育”的视域下，在生态大课堂构建的过程中，我们特别强调师生共同借助课程而实现“各美其美、美人之美、美美与共”的价值追求。而这些，又恰恰契合了“万物之生意”，也更符合郑州九中“中生态”所强调的“各适其天”。

二、盲人摸象

“尔时大王，即唤众盲各各问言：‘汝见象耶?’众盲各言：‘我已得见。’王言：‘象为何类?’其触牙者即言象形如芦菔根，其触耳者言象如箕，其触头者言象如石，其触鼻者言象如杵，其触脚者言象如木臼，其触脊者言象如床，其触腹者言象如瓮，其触尾者言象如绳。”（《大般涅盘经》三二）数个盲人，各自摸象，所摸的部位各不相同，然而都误以为自己所知才是大象真正的样子，各执己见，争论不休。

“盲人摸象”有三层现实意义：

第一是“摸象”：尝试从多角度、多层次去观察。过去我们一直在嘲笑摸象人，以为他们只见树木不见森林，抓住一个片面就以为了解了整体和全部。事实上，在认识事物的过程中，今天我们一方面要赞赏盲人“敢于行动”的实践精神，另一方面要学习他们能够从多角度、多层面感知事物的特征。只有这样，人类才能发现和认识事物的整体和本质结构。

第二是“说象”：提炼出“感性具体”的本真性。即从具体的表象层面，通过感觉、知觉、触觉等直接感知事物的特征。当摸象人在表述事物的真实性时，这种个性“言说”其实都触及了事物内在的部分特点。语言符号的指向性是一个将感性表象演绎为概念和意义的过程。这提醒我们，应该如何真实准确地表述所感知的事物，抽绎出认识论视野下“意义”是如何生成的。

第三是“抽象”：辩证统一地去发现事物的本质。抽象是通过身心感悟，形成逻辑概念，从而再现本质的抽象或者具体的抽象。这要求我们应该超越“主客”和“物我”关系的二元之分，辩证统一地去认识事物，发现事物的本质。认知思维的立场是客观事实、价值判断与先验约束等各种规定性的反映，很多本质性的认知都难免面临利益关系和主观意志的风险。从这个意义上讲，摸象人启发我们的是关于“理性具体”的探究，怎样去思考“质的规定性”，也就是说，“思维中的具体”如何呈现本质特性的过程。

从哲学层面来看，象乃道。“执大象，天下往”（《老子》第三十五章），就是说如果能够掌握了最大的（形）象，天下人都来聚集。在这里，最大的形象指的就是“道”。在中国哲学范畴内，道或者说象，是一种抽象，无所不在。所谓“大象无形”，是说象看不足以穷之，听不足以穷之，用途却无穷无尽。天地间万事万物都是纷纭复杂的，无怪乎南朝梁刘勰感言：“纷哉万象，劳矣千想！”（《文心雕龙·养气》）老子也早有定论：“道之为物，惟恍惟惚。惚兮恍兮，其中有象；恍兮惚兮，其中有物；窈兮冥兮，其中有精。其精甚真，其中有信。”（《老子》第二十一章）

“盲人摸象”的故事告诉我们，探究教育思想的脉络，既要聚精会神，专注精一，又要汇通万象，体形悟道，这一古老的寓言故事，恰恰孕育着“中教育”的文化特质。“中教育”这一哲学思想根植于郑州市农业路21号，已经走过了十二个年头，“家·中书院”不仅有许多流传甚广的校园故事，而且还有多元、开放、丰富的足以触动心弦、洗涤灵魂的文化内涵。十二年时光弹指过，未应磨染是初心。漫步“中原、古典、书香、园林”的校园，我们欣喜地发现，在“中生态”校园里，更多的生命因真实、被尊重而有温度，更加完美。在这里，草木、山水、枝丫等诸多物象所汇聚成的意境，于春夏秋冬间，以不同的方式，不间断地启迪着你我的生命和生活；在这里，草木缘情的现象世界与实体情感世界得以巧妙的结合；在这里，也确有让美好变得更加美好，让忧患变得可以坚持与坚强的力量。在学校生活世界中，我们正借助这些关乎成长、品味与心智的众多“意象”，不断感知、思悟其独特意境，沉淀为内在的涵养，偕同“本我”的文化精神和对美的思考，将“诗与远方”存续于心，指向未来。

走进郑州市第九中学，这里有“中书院”。书院既是教学机构，又是学术研究机构。中书院这一独特的中文化创客区域空间，既包含得中楼、养中馆、正中园、惠中廊、致中堂等特色中式楼宇建筑群，又特指“考古与发现”馆、海航创客空间和四大创新实验室。一如我们已经落成的“榫卯、斗拱”式校门，我们尝试借助中国传统的建筑特色，归纳、传承进而激发大家对于中国传统文化生活方式的新一轮想象，在未来更具中之国人这样的秉性和气质。我们建设考古与发现馆，设立汉唐信仰之力、纸之传·承、布之工·艺、木之器·用、中国人的天人合一、民族魂魄之黄河文明、执中致和等九个模块并研发相关课程，也恰恰是为了赋予中国传统文化全新的、可触碰的载体，让大家更好地找到传承与创新的最佳契合点。就这样，依托中书院里一个又一个创客区域空间，我们不断审视中教育的观点和内涵，见证着实践和体验赋予学生精神的种种启迪。

三、事观高远

面对在社会上影响力不断提升的“中书院”课程体系，面对在守望、传承中走过十二年的“中教育”理论与实践探索，我们思绪万千。思绪与“本我”选择和成长有关，更与在“中教育”视域下所经历的种种艰辛和收获有关。

“凡研究人生切要问题，从根本上着想，要寻一个根本的解决，这种学问叫作哲学”，这是胡适先生在《中国哲学史大纲》中给哲学下的一个基本定义。因为人生切要的问题不止一个，所以单就教育哲学这一门类研究的内容，胡适先生给出了它的研究范畴——“怎样才能使人有知识、能思想、行善去恶呢”。

《中国哲学史大纲》一书于1919年2月由上海商务印书馆出版，此书被誉为“用现代学术方法系统研究中国古代哲学史的第一部著作”，它的出版也被视为中国哲学史学科成立的标志。该书自问世近一百年来，许许多多的教育学者围绕“怎样才能使人有知识、能思想、行善去恶”进行了大量的研究论述。然而，正如一百年前胡适先生对教育哲学解决路径“问而未答”那样，这一寻求解决教育问题的根本路径至今仍然“众说纷纭”，却依然“未有定论”。博士毕业后，我面临很多种职业选择，复杂、纠结之情难于言表。但正是因为对教育哲学解决路径这一问题的“痴迷”（或许是我的“宿命”使然），促使我重回中学，走进教育故事发生的现场，开始不断地与实践对话。这次的回归和以往的不同之处在于，我的思维方式已经发生了“根深蒂固”的变化。我开始尝试着从哲学层面“问中”，从人文主义的角度“寻中”，从实践层面“执中”。

“中”，在外人看来的“自娱自乐”，却让我的学术定位与思考研究不断走向深入。我也庆幸，正是因为留到中学，才让我的学术思想“火花四溅”。学校是被设计出来的，更是生长出来的，因为学生的存在而存在，期间更伴随着艰辛和等待。在从事中学教育研究的过程中，每遇艰难，我常常提醒自己要把握好“本我”思维，秉持“独立之精神，自由之思想”。“中教育”的理性实践，正是尝试在变化、发展的万物之中，去把握人的发展，使之向善、明德。也许恰与胡适先生“怎样才能使人有知识、能思想、行善去恶呢”

这一追问的精神相契合。

立足于中教育观，我们不断追问“拿什么与孩子们交往”，如何“改分数交往为特长交往”。我们认为社团是有思想的组织，在搭建高品质的社团活动中，我们把更多教育意义浸润到过程当中，那“一拳一腿”都是个体本我之真实体验，这一切既是“规则、尊重、理解、容忍”意识的唤醒，也是“成全、合作、创新、未来”能力的提升。立足于中教育观，我们让教师教和学生学相映生辉；中文化、中课程、生态大课堂、分课型构建教学模式、课型研究、校园足球、海军航空、学生社团、品格拓展、潜力唤醒、博士进课堂、博士大讲堂已成为学校变革的核心词汇和真实行动。当前，中教育的理论与实践正努力实现“各美其美，美人之美，美美与共”。

意象“中书院”，栽得下众多热血男儿——海军政治部视察海军航空实验班

2016年校足球队在英国剑桥大学参加切尔西俱乐部邀请赛（青训足球队队长侯钦（最后一排左四）2017年被北京大学录取）

在国家“十三五”规划纲要中，教育现代化已被列为重点工作，这非常必要，也很及时。在推进教育现代化与人才强国、人力资源强国建设方面，教育自然是关键。我们发现教育的现代化需要更多地围绕“人的意义的展开”，即培养更多的“和谐正中”之人。我们也将继续从传统文化中汲取精神，同时依托学校传承已久的历史文化，借助学校特色课程和创新人才培养机制，实现“让学校生活世界里的人有尊严且更加幸福”的价值追求。郑州九中所培养出的各具特点、特长的“和谐正中”之人，符合社会的人才培养观，相信毕业生能够“修己达人”，在未来很好地融入社会。

“阐旧邦以辅新命，极高明而道中庸。”这是哲学家、教育家冯友兰先生晚年在学术活动和精神境界方面的一种追求。他解释：所谓“旧邦”指源远流长的中国文化传统，“新命”指现代化和建设社会主义，并认为“阐旧邦以辅新命”就是要“把中国古典哲学中的有永久价值的东西，阐发出来，以作为中国哲学发展的养料”。中国哲学如高山，心向往“极高明而道中庸”，却仅能够“高山仰止”，深知半点未达其境界。然而，如果认真研读课程就不难发现，我们始终坚持立足于“中的哲学”“中的精神”，“精一执中”的方式、方法是“中”的，这些也让我稍稍了却了“道中庸”的心愿。

目前的教育现状亟须改革，如何在探寻与发展的过程中找到一个良好的途径，中教育就是途径之一。教育的过程是一个动态的过程，是一个永远探究的过程，中教育就是一个动态的过程，对教和学都是一个动态的过程，是一个探究的过程，是既有相对稳定又有相互交融实践的过程。人生青春、清纯的时光不多，在这个时期给予学生“中教育”中正的思维品格，他们将终身受益。

五十以学，然后知不足。我们的中教育才刚刚起步，实实在在做中教育确实不容易，我们会遇到更多困难，但是寻中、问中，我们不会止步。因为中教育蕴含非凡的哲学意蕴和人文精神内涵，也透露着我们对中原厚土、黄河文明及中学基础教育浓浓的人文情怀。我们也将基于“中教育”观和“种子的信仰”，坚定“学校是学习的地方，更是生活的地方”这样的理念；尊重差异，欣赏差异之美；理解个性，让彼此和睦相处；呵护教育生态的多样性，给学生提供更多的平台，给更多的学生提供平台，在孩子们的世界里存在着，和他们一起，美美地生长。

“中也者，天下之大本也；和也者，天下之达道也。致中和，天地位焉，万物育焉。”中是理想，也是世界观；中是手段，也是方法论。总的来讲，中的哲学就是思考教育应该有的内容、价值以及方法。中教育是从实践中不断总结和发展而来的，是一个兼具理论和实践的教育体系。它既有关于教育的哲学与精神层面的理论思考，也有实际操作层面的课堂形态的展现。从这个意义上讲，中哲学的思考才刚刚开始。

后记
POSTSCRIPT

在“中”而“致中和”

《中教育》一书自出版以来，受到国内外许多专家学者的关注，收到了理论与实践方面众多专家学者的中肯建议。在这样的关注下，我一次又一次地回望走过的路，审视当下的路，思考未来之路。

2016 年中教育理论与实践论证会、2017 年中教育全国学术交流会，两次大型会议的成功举办，在交流过程中，师长、同人、朋友时常“相视一笑，莫逆于心”的微妙感应和基于更多人的勉励与支持，让我有了信心和决心，将近几年的新的探索实践、理论积淀和人生体验写入第六章当中，作为《中教育》修订版的重点章节，以“在中：致中和，中之哲”收尾。这样的努力让我了却了几年前的一些憾事：能够在所停止之处，向前做进一步的拓展；将缺乏体系的一些散漫的概念，加以组织和理论化的说明。

“在”接近于英文单词“being”，作为名词，其基本义为：实在、存在，生存、生命、人生、一生、人间，物、生物、实在物，本质、特质、本性，本体。当然，站在从哲学层面对话的角度来说，我们的“在中”思想，是继“问中、求中、执中、得中、养中”之后的一次升华，更侧重于“中国立场、中和思维、中正品格”，展示了“致中和”的探寻路径，勾勒出了中哲学的思维方法。

“喜怒哀乐之未发，谓之中；发而皆中节，谓之和。中也者，天下之大本也；和也者，天下之达道也。致中和，天地位焉，万物育焉。”（《礼记·中庸》）中和思维，历来为人们所推崇，因之获益者不乏其人。

在文学方面，中国南朝文学批评家钟嵘，将自汉至梁有成就的诗歌作家，区别等第，撰写而成的诗歌评论名著《诗品》，其“得中”的文学观，显得尤为突出，并以作品是否“得中”，将其分为上中下三品——“无论就内容言，就形式言，或就风格言，都主张不可以有过与不及之弊，而应该求其得‘中’。”（《钟嵘品诗的标准尺度》）

在治家方面，“位中央而赞化育，配三才以大生成”，此为乔家大院东南院“福德祠”照壁的一副砖雕对联，用词巧妙，耐人寻味，既暗含乔家大院“在中堂”之堂名，也道出著名晋商、乔家第四位当家人乔致庸修身、治家和经商之道。“不偏不倚，执两用中”而“守中庸”的思想，为晋商“汇通天下”的格局奠定了深厚的文化基础。

在人格领域方面，棋圣吴清源在其回忆录《中的精神》一书中，回忆了自己 87 年的棋艺人生。“小小纹枰，方寸之地，布局、征战、防守都在上面进行，有因伐而失，有因弃而获，人生的大智慧，都在这里。一个人多研究研究围棋是有好处的，可以多些大局观，少些冲动和戾气。”这正是吴先生所强调的“用中”精神的根本。中和，乃吴清源先生所追求的棋的境界、人生的境界，同时也是中国文化的境界。吴清源的棋道要旨是“完美的和谐”，正是这种淡泊名利、纯粹求道的“中”的精神，使他远远超越了一个争胜负的棋士，而体现出一种极其充盈丰沛的人格。这位把围棋理论和中国古典哲学智慧相结合的棋圣，其高深的境界和造诣，让人不得不钦佩。

哲人巨匠顾随先生，在为人与学道方面可以概括为三重境界：“自觉，觉人；自利，利他；自渡、渡人”。中哲学、中教育的十二年，我深知其艰辛，时常有“孤舟之横江渚，春笋之抽寒谷”之感慨，然“各美其美、美人之美、美美与共”的情怀和“致中和，天地位焉，万物育焉”的教育理想，支撑着我“自利而利他”。以“中”字为源，“中教育”是我们在寻找教育变革的方向和路径时找到的一种从人文精神出发的教育理念，也是对教育的顶层设计与教育内容赋予内涵的一种教育理念。我们从“理念识别、环境识别、行为识别”三个层面打造独特的学校识别系统，让中文化引领学校生活世界的变革，是实践创新，更是价值引领、思想引领。因此，它是从实践到理论，再从理论到实践的一种教育设计，契合当下的教育核心价值观与发展方向。当然，作为一种新的理念，它本身是开放的、创新的，其中包含了现代与传统所兼有和所区别的意义。以中的哲学为基，“中教育”应具有时代气息，这就必然会引起教育界乃至学术理论界广泛的学术争鸣，这种理论上的争鸣，我相信也必将推动“中教育”的进一步发展。

教育部中学校长培训中心主任，华东师范大学教授、博士生导师代蕊华指出：“中教育既是传统的，又是未来的；既是中原的，又是世界的；既是理论的，又是实践的。要进一步坚持中教育的独特性、适合性和多元性，期待中教育产生更深的理论思考与实践探索。”因此，“中教育”作为新生的一种教育理念，需要各方的呵护与包容，需要整合、开发各方资源，形成合力，我也将继续探寻思悟，让“中教育”更加茁壮地生长。

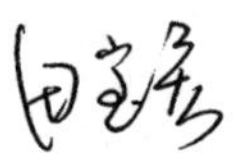

2017 年秋于建中楼